人間関係がよくわかる心理学

PSYCHOLOGY

編著 小山 望
NOZOMI OYAMA

著

飯高晶子
佐野智子
松井知子
蓮見将敏
田中彰吾

小泉晋一
山田奈津子
西村洋一
髙橋 悟

福村出版

[JCOPY]〈出版者著作権管理機構 委託出版物〉
本書の無断複写は著作権法上での例外を除き禁じられています．複写される場合は，そのつど事前に，出版者著作権管理機構（電話 03-5244-5088, FAX 03-5244-5089, e-mail: info@jcopy.or.jp）の許諾を得てください．

はじめに

　心理学は，一般教育の分野の中では，大学生にとって非常に関心の高い学問である。また一般の人にとっても，とくに人間関係に興味がある人にとっては，関心のある分野である。学生の場合は人の気持ちを知りたい，人の心を知りたいと思う気持ちが心理学に関心を持つ動機づけである。また，最近では，日常生活に見られるこんな仕種はどういう心理か？「たとえば，自分が話している最中に，相手が腕組みをしたら」，というクイズ形式のテレビ番組などで，面白おかしく取り上げられることも多くなった。だから，心理学は面白い学問と期待していることも確かなことと思われる。心理学を講義していて，「恋愛の心理」「性格」などは講義の中でも大学生に人気のあるテーマであると感じている。心理学を身近なところから入って考えるのは，心理学に興味を持ってもらう意味では，有意義なことである。しかし，心理学に対して「面白さ」だけを求められるのは，教員にとっては，素直に喜べないのが現状である。だから多くの教員は学問としての面白さを伝えながらも，学問としての質を落とさずに，この期待の高さを裏切らないように，密かに努力していると思う。平たく言うと，「心理学は面白くて当たり前」的状況を各教員なりに工夫して乗り越えているのである。

　今回の「人間関係がよくわかる心理学」は，そういう意味で，大変面白い心理学の内容のトピックがつまった心理学の解説書と言える。それというのもただ面白いだけでなく，科学に基づいた学問である心理学上の知見を踏まえてやさしく解説しているからだ。編者としては，そういう点を考慮して各分野の専門の心理学研究者の方々に筆を揮ってもらった。だから，これから心理学を初めて学ぶ人，とくに人間関係についての心理学を学ぶ人にはふさわしい内容となっている。本書を利用して，人間関係に役立ててもらえればというのが執筆者一同の願いである。

　それでは，内容を紹介するとしよう。

　1章「自己理解の心理」は，髙橋悟氏に執筆を担当してもらった。冒頭に人の心を知りたいというのが最近の学生の心理学を学ぶ動機づけと述べたが，そ

れは，人が自分をどう見ているのかを知りたいという心理と関係があるのであろう。他人を知ることも大切だが，まずは，自分を知ること，自分を理解することから，始めよう。自己理解，自己概念についてしっかり学ぶ，自己の見方は，他人を映す鏡でもある，自分を知ることが，人と関わる第1章である。2章は，「対人関係の心理」で，西村洋一氏に担当してもらった。対人関係における心理，対人認知，対人魅力，対人不安，インターネットや携帯電話における対人関係などに触れて，適切な対人関係を築くための対人心理の基本を学ぶ。3章では「脳と心」を山田奈津子氏に執筆してもらった。心とは，脳のはたらきと関係がある。脳科学の進歩にはめざましいものがある。心の進化，脳と行動，脳と心の障害などについて学ぶ。

　4章では，「性格の心理」を小泉晋一氏に執筆してもらった。性格はどうやって作られるのか，性格をとらえる理論とは，性格を把握するための性格テスト，血液型と性格との関係，EQ（心の知能指数）などについて学ぶ。日本人の中には，血液型で人を判断する人が多い。あの人はA型だからまじめだね，O型だから明るいね，仕切り屋さんね，とか血液型だけを聞いて人とつき合わないうちに早々と判断してしまう。こうした科学的根拠のない話に同調することが人の性格の見方にどう影響を与えるかをじっくり学んでほしい。5章は「発達と認知の心理」で，飯高晶子氏に担当してもらった。人間が生まれてから死ぬまでの一生を，乳児期から老年期までの発達段階ごとに概観して，それぞれの発達段階において解決すべき心理社会的課題があることを理解するのが目的である。そして「自分とはなにか，これからどう生きていくのか」をじっくり考えてもらいたい。6章「恋愛の心理」は佐野智子氏に執筆してもらった。「恋愛の心理」は学生にとって大変興味があり，人気のあるテーマである。恋愛や失恋の心理についても本格的に日本でも研究されて30年ぐらいたち，科学的知見も蓄積された。ここでは，恋愛のタイプ，日本人の大学生の恋愛5段階説，失恋の心理や対処方法について学ぶ。7章「職場の中の人間関係」は松井知子氏に執筆してもらった。大学生にとっても卒業後は就職して職場を持つことになるのだが，そこでの人間関係の持ち方や，職場で受けるストレスにどう対処するか，傾聴，メンタリング，コーチング，ストレスコントロールについて学ぶ。8章「犯罪の心理」は蓮見将敏氏に担当してもらった。犯罪の心理は，

学生がかなり興味を示すテーマである。犯罪者の心理と環境，非行少年の心理と環境，学校と地域の暴力，犯罪被害者の心理などについて学ぶ。9章「心と身体（からだ）」は田中彰吾氏に執筆を担当してもらった。心の動きや状態は身体と密接な関わりがある。たとえば，顔の表情，声の調子，仕草，姿勢，雰囲気などは，身体から出ているシグナルである。言葉を用いないコミュニケーションは非言語コミュニケーションといって，心理学では，重要な分野である。ここでは身体から現れるサインやシグナル（顔の表情など），「目は口ほどに物を言う」の心理について学ぶ。

10章「心の健康とカウンセリング」は編者の小山望が担当した。心が健康であることはどういう状態か，健康な人格とはどういうものかを認識してもらったのちに，ストレスと健康との関係，ストレス対処法，心の病気，カウンセリングの理論，精神分析，対象関係論，行動療法，認知行動療法，来談者中心療法などについて学ぶ。

最近の自己理解に関する奇妙な現象（占い師に頼るなど）について述べる。現代社会は人間関係が希薄になったせいか，相手にも都合が悪いことは言わず，自分にも踏み込ませない。だから自分の性格や行動についてのもろもろの情報が周囲の人からきちんと指摘されて自分の性格や心理状態を客観的に掴んでいない人が増えているように思う。言ってみれば，裸の王様状態である。だから自分の心理状態が不安になる，自分の心に混乱が生じると，占い師の言う「あなたの前世はこうだから」とか，「あなたの背後には怨霊が宿っている」というような，さもまことしやかな話（非科学的な話）を鵜呑みにしてしまうのではないだろうか。誰だって心理的に混乱する，不安になるものである。無意識を含めて自己の心をすべて理解できるわけもないが，自己を理解する手がかりとしての周囲の人々とのコミュニケーションから得るものが大切である。ジョハリの窓の「自己開示」をする，「自己盲点」をなくす努力は必要である。本書をご活用いただき，読者の皆さまの人間関係にお役に立てれば，編者として望外の幸せである。

最後になったが，本書が完成に至るには福村出版には大変お世話になった。この場を借りて感謝申し上げたい。

平成20年初春　　　編者　小山　望

目　次

はじめに

第1章　自己理解の心理 ── 9
　1節　自己概念 ……………………………………………… 10
　2節　自己開示・ジョハリの窓 …………………………… 11
　3節　自己概念とアイデンティティ ……………………… 13
　4節　自己肯定と自己受容 ………………………………… 20
　演　習 ……………………………………………………… 22

第2章　対人関係の心理 ── 25
　1節　対人認知 ……………………………………………… 26
　2節　対人魅力 ……………………………………………… 30
　3節　対人不安 ……………………………………………… 33
　4節　コミュニケーション ………………………………… 36
　5節　メディアコミュニケーション ……………………… 37
　演　習 ……………………………………………………… 40

第3章　脳と心 ── 43
　1節　心の進化 ……………………………………………… 44
　2節　脳と行動 ……………………………………………… 50
　3節　脳と心の障害 ………………………………………… 52
　演　習 ……………………………………………………… 56

第4章　性格の心理 ── 59
　1節　性格とは ……………………………………………… 60
　2節　性格の理論 …………………………………………… 61
　3節　性格検査 ……………………………………………… 64
　4節　血液型性格関連説と現代社会 ……………………… 67

5節　知能指数(IQ)から情動指数(EQ)へ………………………… 69
　演　習 ……………………………………………………………… 71

第5章　発達と認知の心理 ―――――――――――――――― 75
　1節　エリクソンの心理社会的発達 ……………………………… 76
　2節　愛着 …………………………………………………………… 80
　3節　ピアジェの認知発達 ………………………………………… 85
　4節　心の理論―ピアジェの認知発達理論以降― ……………… 89
　演　習 ……………………………………………………………… 90

第6章　恋愛の心理 ――――――――――――――――――― 93
　1節　恋心の芽生え ………………………………………………… 94
　2節　恋愛のタイプと恋愛の5段階説 …………………………… 97
　3節　目は口ほどに(異性間の非言語コミュニケーション)…… 101
　4節　恋破れて ……………………………………………………… 103
　演　習 ……………………………………………………………… 105

第7章　職場の中の人間関係 ―――――――――――――― 109
　1節　職場の中の人間関係 ………………………………………… 110
　2節　職場の現状 …………………………………………………… 114
　3節　職場のストレスマネジメント ……………………………… 117
　演　習 ……………………………………………………………… 122

第8章　犯罪の心理 ――――――――――――――――――― 125
　1節　犯罪者の心理と環境 ………………………………………… 126
　2節　非行少年の心理と環境 ……………………………………… 131
　3節　学校と家庭の暴力 …………………………………………… 136
　4節　犯罪被害者の心理 …………………………………………… 139
　5節　社会と暴力団，戦争 ………………………………………… 141
　演　習 ……………………………………………………………… 143

第9章　心と身体 ―――――― 145

 1節　身体のイメージ ………………………… 146
 2節　身体の境界と距離 ……………………… 149
 3節　身体の動き ……………………………… 152
 4節　無意識の身体表現 ……………………… 155
 演　習 ………………………………………… 159

第10章　心の健康とカウンセリング ―――――― 161

 1節　心の健康とは …………………………… 162
 2節　健康な人格 ……………………………… 162
 3節　ストレスと心の健康 …………………… 164
 4節　心の病気 ………………………………… 168
 5節　カウンセリング ………………………… 173
 演　習 ………………………………………… 178

索　引
 人名索引　180
 事項索引　183

第1章　自己理解の心理

トピック

　筆者の専門が臨床心理学であることを聞くと,「人の心が読めるんですか?」と問う人は多い。本書の読者の中にも,心理学を学ぶことによって,自分も人の心が見抜けるようになるのでは,と期待する人がいるのではないだろうか。しかし(言うまでもないことだが),心理学を学んでも,超能力者のように「心が読める」ようになるわけではない。

　ところで,人が心理学に対してそのような期待をする背景にあるものはなんだろうか。そこには,他者の「心を読む」ことにより,その他者が考え,感じていることを知りたい,とりわけ他者が自分のことをどう見ているのか,どう思っているのかを知りたいという欲求があるのではないだろうか。このように,他者の心を理解したいという気持ちの基礎には,自分自身がどのような(どのようにとらえられている)存在なのかを知りたいという欲求があるといえる。

　また結局のところ,他者を理解するためには,自分自身の他者理解のしかたや傾向も知っておかなければならない。自分の眼というレンズのゆがみ具合や曇っている部分を知らないと,それによって他者の像がゆがんだり見えなかったりすることに思いが至らないし,ゆがみを直したり曇りを磨こうとすることもできない。その意味でも,自分を理解するということ,つまり自己理解は,他者理解や対人関係の基礎になるものであるといえる。本章ではこの自己理解について考えていく。

キー・ワード

自己理解,自己概念,ジョハリの窓,自己開示,アイデンティティ,不登校,ひきこもり,ニート,自殺,理想自己,現実自己,自己否定,自己肯定,自己受容

1節　自己概念

1　自己概念とは何か

われわれは，友人とけんかをした後で，些細なことで腹を立ててしまった自分を振り返り，「自分はなんと心の狭い人間なんだろうか」などと後悔することがあるし，受験する大学を決めるときに，行きたい大学があっても，「自分の学力で合格できるだろうか」と思って尻込みしてしまうこともある。また，夜間に電車に乗って友人と会話をしながらも，窓ガラスに映った自分の姿を見て乱れた髪を手で整えたりもする。このように，人は自分という主体として生きながら，同時にさまざまなレベルで自分を客体（対象）として把握してもいるという，複雑な存在であるといえる。

このような自己の二重性について最初に指摘したのはジェームズ（James, W.）であり，彼は自己を"I（知る者としての自己）"と"Me（知られる者としての自己）"に分けて記述した。また，ミード（Mead, G. H.）は，自己の成立における社会的な相互作用を強調し，主体的・能動的な主我"I"と，他者から求められる態度や役割，期待を内在化させることによって組織化された，社会的自己（客我）"Me"という側面から論じている。

このような，客体としてとらえられた自己のことを自己概念（self-concept）といい，「自分の性格や能力，身体的特徴などに関する，比較的永続した自分の考え」と定義される[1]。自分の自己概念について知るための簡便な方法として，20答法（Twenty Statement Test）がある。これはクーンとマックパートランド（Khun, M. H. & McPartland, T. S.）が考案したテストで，「私は」と書かれて後は空白になっている20の文の空白部分に思いつく答えを書き入れて，文を完成させるテストである[2]。ここに書き込まれる内容により，その人の自己概念の内容を知ることができる。このテストをやるとしたら，あなたはどのようなことを書き込むだろうか。

2　自己を知る方法

この自己概念を，人はどのようにして持つようになるのだろうか。シェーネ

マン（Schoeneman, T. J.）は，人が自己を知る方法として，自己観察（自分自身による観察）と，社会的フィードバック（他者から指摘されることによって自分を知る方法）と，社会的比較（自己と他者を比較することにより，自分を知る方法）の3つを挙げている[3]。シェーネマンらによると，この3つの中で，幼稚園児から小学校の低学年児において最もよく用いられるのが自己観察であるという[4]。

ピアジェ（Piaget, J.）は子どもの認知の発達について，2歳から7歳くらいまでの時期を「前操作段階」とし，この段階の特徴として「自己中心性」を挙げている。この段階において子どもは，他者の視点を理解することが難しいため，たとえばかくれんぼで「頭隠して尻隠さず」ということが起きてくる。しかしその後の7歳から11歳くらいまでの時期にあたる「具体的操作段階」において，他者の視点を理解するようになる「脱中心化」が生じる。このようにして他者の視点に立って自己を把握することができるようになると，社会的フィードバックによって自己概念に関する情報を得たり，また自己と他者を比較して自分を知ることが可能になっていくものと考えられる。

2節　自己開示・ジョハリの窓

1　ジョハリの窓

先に，自分を理解する方法には自己観察と社会的フィードバック，社会的比較があることを述べた。とくに社会的フィードバックと社会的比較は他者の存在なしには成り立たない。このことから，自己理解において他者の存在が重要であることがわかるだろう。自己理解における自己と他者との関係について考えるために，ここでは「ジョハリの窓」（The Johari window）を紹介する。ジョハリの窓とは，ジョセフ・ラフト（Luft, J.）とハリントン・インガム（Ingham, H.）によって開発され，両者の名前から名づけられた，対人関係の図式であり[5]（図1－1），ある四角を「対人関係における人全体」として，縦と横をそれぞれ「自己が知っているか知らないか」，「他者に知られているか知られていないか」の区別で2×2の領域（象限）に分けたものである。

このようにしてみると，①は自己も他者も知っている自分の領域，②は自分

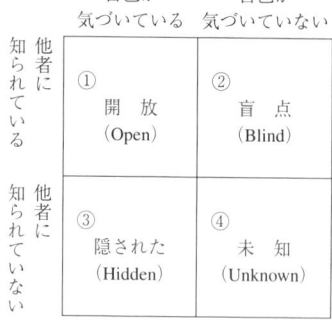

図1－1　ジョハリの窓
（Luft, J. & Ingham, H., 1955）

は気づいていないが他者には知られている自分の領域，③は自分は知っているが他者には知られていない自分の領域，④は自分も他者もともに知らない自分の領域となることがわかる。対人関係において，それぞれの象限にあるあなたの性質や感情はどんなものだろうか。そして，あなたが自分について知りたいと思っている部分は，どの象限に当たるだろうか。

2　自己開示の意味と効果

　ジョハリの窓において，③の象限にあるものは，他人に隠している自分の部分である。この領域が大きいと，見せかけの自分を演じることに疲れてしまい，対人関係をわずらわしく感じたり，他者と本音をぶつけ合えていないという不全感を覚えたりするかもしれない。③の領域にあるものを①の領域に移動させる，もしくは①の領域を広げることは，「自己開示 self-disclosure」といえるだろう。自己開示とは，他者に対して自分自身に関する情報を言語により伝達することである。

　自分が心に秘め隠していることを他者に伝え，他者と共有することは，とくにそれが悩みや心配事である場合には，心の緊張や重荷を解放することにつながる。これをカタルシスの効果といい，カウンセリングなどの心理療法が治療的に作用する要因のひとつはここにある。また，自分の思いを言葉にして他者に伝えることにより，自分自身でも把握できていなかった，自分を取り巻く状況や自分自身の感情を理解することにもつながる。これは言語化が内省を促すためである。このようなことから，自己開示は対人関係の維持・促進だけではなく，自分自身を理解することにもつながるといえるだろう。

3　私が知らない私

　次に，ジョハリの窓の②の象限について考えてみる。この領域は，自分は気

づいていないが他者は気づいている部分である。この領域にあるものは，社会的フィードバックによって①の領域に移動していくものであると考えられる。これは他者との関わりがないと起こりえない体験である。

　ジョハリの窓においては②象限のみならず④象限のような「自己が気づいていない」領域が想定されている。これは精神分析の創始者であるフロイト（Freud, S.）が指摘した「無意識」の領域に該当するものであるといえるだろう。フロイトは，人の心には自分自身では把握できない無意識の領域があり，それが我々の知りえないところで行動や思考，感情に影響を与えていると考え，精神分析理論を構築した。無意識は，言い間違いや書き間違い，ど忘れなどのさまざまな失錯行為や夢，描画などの非言語的な表現から間接的に観察されると考えられているが，無意識は本質的に意識されえないものである。したがって，意識の側の視点からの自己理解は，本質的に限定的なものということになる。

　われわれは，自己や他者の心を理解したいと思うときに，このような意識的な把握が及ばない領域があるということも，心の片隅に置いておくべきではないだろうか。人は「わからない」「理解できない」という事態に対して不安を感じるものであり，そこに何らかの理解や意味を与えて不安を軽減しようとするが，この傾向が，たとえば人のありようをその人の前世によって説明したり，人の性格傾向を血液型の違いから説明したりといった，根拠のない意味づけを無批判に受け入れることにつながっているように思われる。この背景には，他者が与えてくれる理解の仕方をそのまま受け入れて，手っ取り早く不安を軽減しようとする心のありようがあるのではないだろうか。「前世が○○だったから自分は△△なんだ」というとらえ方は，「人の心には無意識の領域があるのだから自己理解など不可能だ」というのと同様に，自己理解における思考停止をもたらしてしまう。あなたの自己理解にそのような側面がないだろうか。

3節　自己概念とアイデンティティ

1　アイデンティティとは何か

　ところで，先に述べた自己概念について，エリクソン（Erikson, E. H.）は，自身が述べる同一性，すなわちアイデンティティと重複する点が多いと指摘し

ている[6]。エリクソンは,「ライフサイクル論」とよばれる, 人が生まれてから死ぬまでの生涯にわたる発達論を描いているが, その中で人生は8つの発達段階に分けられており, それぞれの段階において, それまでに達成した発達課題が基盤となって達成される, 重要な課題があると考えられている。鑪幹八郎はこれを「個体発達分化の図式」としてまとめている (図1-2)[7]。ここでエリクソンが青年期の課題と位置づけているのが, アイデンティティの確立なのである。

Ⅷ	老年期							統合性 対 絶望
Ⅶ	壮年期						世代性 対 停滞性	
Ⅵ	成人期					親密性 対 孤立		
Ⅴ	思春期 青年期				アイデンティティ 対 アイデンティティ拡散			
Ⅳ	学童期			勤勉性 対 劣等感				
Ⅲ	児童期		自発性 対 罪悪感					
Ⅱ	幼児期	自律性 対 恥・疑惑						
Ⅰ	乳児期	信頼感 対 不信感						

図1-2 個体発達分化の図式 (鑪, 1990)

アイデンティティは,「自己の斉一性 (この自分はまぎれもなく独自で固有な自分であって, いかなる状況においても同じその人であると他者からも認められ, 自分でも認めること)」,「時間的な連続性と一貫性 (以前の自分も今の自分も一貫して同じ自分であると自覚すること)」,「帰属性 (自分はなんらかの社会集団に所属し, そこに一体感を持つとともに, 他の成員からも是認され

ていること)」の3つによって定義される主体的な感覚のことである[8]。いわば，「自分とは何者か？」という問いに対して，自分でも納得して答えられる答えであるといえるだろう。

2 アイデンティティ形成とアイデンティティ・ステータス

アイデンティティは，さまざまな体験やいろいろな人との出会い，そして大学進学や大学卒業後の進路，就職，結婚などの，人生における重要な分岐点（危機 crisis）を経験して悩み，悩んだ末に何かを選択して，選択したものに積極的に関与する（傾倒する）ことにより形成されていくと考えられている。このことから，マーシャ（Marcia, J. E.）はアイデンティティの様態を「危機」の経験と「積極的関与」の有無からカテゴリー化し，表1-1に示すいくつかのアイデンティティ・ステータス（同一性地位）としてとらえた[9]。「アイデンティティ達成」は，悩んだ末に自分なりに道を選び，かなりの程度アイデンティティを確立している状態である。「モラトリアム」は，これからの自分の生き方について迷っているところで，積極的に関与するものが定まっていない状態のことである。また「早期完了」は，心理的な悩みや葛藤を経験していないが，親の価値観を受け入れて，予定された道を自分の道として歩んでいる状態である。「アイデンティティ拡散」は自己喪失の状態であり，積極的に関与するも

表1-1 マーシャのアイデンティティ・ステータス（武藤[10]，1979より）

アイデンティティ・ステータス	危機	積極的関与	概要
アイデンティティ達成 （identity achiever）	経験した	している	幼児期からのあり方について確信がなくなりいくつかの可能性について本気で考えた末，自分自身の解決に達して，それに基づいて行動している。
モラトリアム （moratorium）	その最中	しようとしている	いくつかの選択肢について迷っているところで，その不確かさを克服しようと一生懸命努力している。
早期完了 （foreclosure）	経験していない	している	自分の目標と親の目標の間に不協和がない。どんな体験も，幼児期以来の信念を補強するだけになっている。硬さ（融通のきかなさ）が特徴的。
アイデンティティ拡散 （identity diffusion）	経験していない	していない	危機前（pre-crisis）：今まで本当に何者かであった経験がないので，何者かである自分を想像することが不可能。
	経験した	していない	危機後（post-crisis）：すべてのことが可能だし可能なままにしておかなければならない。

のがない状態であるが，危機の経験の有無によりさらに2つに分かれている。

3 現代におけるアイデンティティ形成の困難さ

そもそも人の一生において青年期という区分が現れたのは，20世紀初めごろのことである。社会の近代化にともない，社会の一員となるためにある程度の期間教育を受ける必要性が出てきたことが，それまであった「大人」と「子ども」の中間期として青年期が誕生した背景にある。このように，社会の変化によって青年期が生まれてきたのであるから，現代の社会の急激な変化の中で，青年期の位置づけやありようも変化していかざるをえないと考えられる。

修業年数の延長（高学歴化）により青年期が以前と比べて延びていること，さらに青年期と成人期の境界が不鮮明になっていることは，すでに笠原嘉によって指摘されている[11]が，文部科学省によると，平成17年度の高校進学率は97.6％，過年度卒業生を含む大学・短大進学率は51.5％と過去最高を記録した[12]。このように，現代では大学・短大への進学はもはや特別な選択肢ではなくなっている。したがって，進学した大学で何を学ぶか，そして将来の方向性をどう定めていくかということがますます重要になってきているといえる。しかし，これが近年難しくなってきているように思われる。

これまでの日本では，「学校を卒業するとともに正社員として企業に就職し，同一企業内で技能を蓄積し，退職を迎えるという働き方」[13]が典型的な就業形態であったが，近年，卒業後に進学も正社員としての就職もせず，いわゆるフリーターとなるか無職の状態となる人が増加しており，これらの人は2002年の時点で大学卒業者の約25％となっている（図1-3）。このように，正社員として就職することが難しくなっている。またその一方で終身雇用は揺らいでおり，正社員として就職できたとしても不安定さは残るうえ，正社員の減少により，一人当たりの仕事量と就業時間は増えているのである。

このような状況で，大学で「自分にとって幸せとは何か」，「自分は何のために生きるのか」，そして「自分は何者なのか」という問いへの答えを持つことは非常に難しいだろうし，悩んでいるうちに就職活動の時期を逃してしまったら取り返しがつかなくなるおそれもあるだろう。悩みはなく，早々に進路を定めて軽やかに進んでいければよいのかも知れないが，中にはこのような問いに

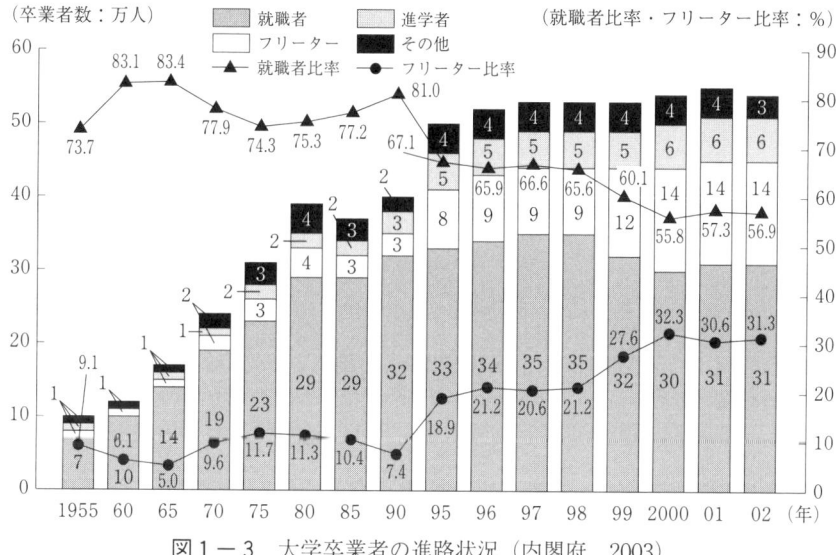

図1−3　大学卒業者の進路状況（内閣府, 2003）

突き当たって苦しむ人もいる。そこで，以下に現代の青年に顕在化している問題を，アイデンティティ形成との関連からみてみよう。

(1) **不登校**　先に述べたように，大学進学率が上昇する中で，大学進学を自ら主体的に選んで決めたという意識が希薄であり，そのため何を目的にして進学したのか，大学で何を学びたいのかが不明確な学生も増えてきているように思われる。そのため講義に出席しなくなり，まったく大学に姿を見せなくなってしまう学生もいる。文部科学省は不登校を，「何らかの心理的，情緒的，身体的あるいは社会的要因・背景により，登校しないあるいはしたくともできない状況にあるため年間30日以上欠席した者のうち，病気や経済的な理由による者を除いたもの」[14] と定義している。これは主に小中学校の児童生徒を想定した定義であるが，大学においてもこのような学生がいるのである。

　不登校にはさまざまなタイプがあることが指摘されているが，自分は大学で何を学びたいのかということがはっきりしない，あるいは大学で学ぶことに意欲を持って取り組めない，そのためその大学の学生であるという帰属感が失われている場合は，アイデンティティ拡散の状態といえるだろう。

(2) ひきこもり　笠原はかつて，本業である学業には無関心・無気力であるにも関わらず，それ以外のたとえばアルバイトなどにおいては一定以上の活動を示す学生を「スチューデント・アパシー」として紹介した[15]。しかし近年，生活の中で自宅以外での活動の場がまったく失われ，社会との接点が失われてしまい，「ひきこもり」の状態となるケースが注目されている。厚生労働省は，統合失調症やうつ病などの精神病をともなわず，「ひきこもり」そのものが主な特徴である一次的な「ひきこもり」状態にある人を「社会的ひきこもり」として，「6カ月以上にわたって自宅にひきこもり，学校や仕事などの社会的な活動に参加しない状態が持続しているもの」[16]と定義している。

　小此木啓吾は，このような非精神病性のひきこもりについて，エリクソンがいうアイデンティティ拡散とほぼ同様の状態を意味していると指摘している[17]。笠原はアパシーの学生の特徴について，「優勝劣敗への過敏さ」を挙げたが，これは現代のひきこもりについても当てはまるのではないだろうか。自己の独自性・固有性を見出していくためには，さまざまな体験による役割実験や試行錯誤が必要であろうし，その中で自分の資質や能力の足りなさを実感することも起きてくるだろう。しかし，そのような体験を受け容れられず，逃避し続けた結果，居場所が自室だけになってしまったとも考えられる。

　ただし，ひきこもりは不適応としてネガティブなニュアンスで語られることが多いように思われるが，山中康裕が不登校児について展開した「内閉論」のように，これを「サナギ」の時期と見立てて，それによって自己確立の課題に取り組んでいるものとしてとらえる視点もある[18]。

(3) ニート　「ニート」とは，イギリスで生まれた「NEET」(Not in Education, Employment or Training)をカタカナ表記した言葉であり，学生でもなく働いてもいない若者を意味している。2001年では15歳から34歳の若年の非労働力人口は，学生と主婦を除くと89万人であり，このうち約半数は求職活動をしておらず[19]，問題視されている。

　本田由紀らは，日本ではニートの概念が拡大解釈されているとし，若年者の雇用問題が若者（とその親）の心性の問題にすりかえられていると批

判している[20]。このように，いわゆるニートが増えていることについては，社会構造の変化の要因も考えなければならないが，これをアイデンティティ形成の観点からいうと，さまざまな選択肢がある中で，何かを主体的に選び取っていくことの困難さを指摘できるのではないだろうか。自分が積極的に関与するものを定め，何らかの社会集団に所属することは，それ以外のすべての可能な選択肢を捨てることを意味するのであり，むしろ捨てることに困難を感じる場合もあるだろう。また，たとえば「プロサッカー選手になりたい」と願う小学生のすべてが実際にプロサッカー選手になれるわけではないし，何かを選んでいく過程では，自己の限界を受け容れ，さまざまなものを諦めることも必要となってくる。就職活動を行っていない「非求職型」のニートであるということは，これらのことを先延ばしにしている状態ととらえられるのではないだろうか。

(4) **自殺** 青年期においてアイデンティティを形成していくことは大変なことで，物凄いエネルギーを必要とする[21]。その過程で自己と周囲の人とを比べ，自分が劣っていると感じて絶望したり，自己の理想と現実の乖離に直面することがあるだろうし，自身が生きる意味が失われたように感じ，その苦しみから逃れるには死ぬしかないと思うこともあるだろう。

平成18年における自殺者は32,155人であり，9年連続で3万人を超えるという深刻な状態となっている。32,155人のうち学生の自殺者数は886人であり，大学生は404名であった[22]。青年の自殺の特徴について勝見吉彰は，「自己愛の傷つきをもたらした対象や長期にわたって蓄積された怒りの対象を，一気に打ち負かし支配する手段として選択される」とし，自分の力ではいかんともしがたい現実において，心のまとまりが崩壊することを防ぐための，唯一残された能動的な対処法という意味を持つ可能性を示唆している[23]。

アイデンティティの観点からすると，何らかの苦痛な状況の中で自己の斉一性や時間的な連続性と一貫性を維持していくことに耐えられず，自分自身の人生の責任を取ることを放棄してしまう行為ととらえるだろうか。そこには，「自分はもう死ぬしかないのだ」という形での自己規定があるものと思われる。

4節　自己肯定と自己受容

1　理想自己と現実自己

　前節では現代の青年に顕在化している問題をいくつか挙げた。いずれも大学生にとっては他人事でない問題である。このような現状において，あるべき自己理解とはどのようなものなのだろうか。

　来談者中心療法を創始し，現在あるカウンセリングの基礎をつくったロジャーズ（Rogers, C. R.）は，自己概念について，現実に知覚された自己（現実自己 present self）と，理想的にそうありたいと願っている自己（理想自己 ideal self）から構成された概念であると考えたが，心理的な悩みや苦しみの多くは，この二つの自己の間のズレから生じているものと考えられる。そして，前節で挙げたいくつかの問題は，このズレから目を逸らそうとしたために顕在化した問題ともとらえられる。

　先に，自己開示が自己理解につながると述べたが，実際のところ，自分自身を否定的にとらえている人は，そのような自己を他人に見せること自体が苦痛なことであろうし，できれば自分でも見たくないと思うかもしれない。また，アイデンティティに関わるような問題について悩むこと自体が「重たい」といった表現で忌避される傾向もあるように思われる。大学の学生相談では，「こんな悩みを友達に話したら，友達がうんざりして自分から離れていってしまうのではないか不安」と語られることも多い。

　他者を信頼して自分を打ち明けられるかどうかは，結局のところ自己を信頼できるかどうかによるともいえる。自分は他者に受け止めてもらえる存在であるという自己への信頼がなければ，そもそも他者を信頼して自己を開示することは難しいからである[24]。

2　自己受容

　そのように考えると，必要なことは，自分自身の肯定的な面だけではなく否定的な面も同様に認めて，それを受け容れることであろう。このような意味での自己肯定を，ロジャーズは「自己受容 self-acceptance」という概念で説明し

ている。これは，ありのままの自己を受け容れていこうという肯定的な態度や構えのことである。したがってそれは「どうせ自分は…なのだ」という投げやりな開き直りや，思考停止をもたらすような根拠のない説明による納得とは異なる。

　この自己受容的な態度もまた，他者を受容する態度にもつながっていくと考えられる。なぜなら，自分自身を価値ある存在として肯定的にとらえられないと，他者の存在はそのような自己を脅かすものとなり，その他者をありのままに受け止め，肯定的に受け容れることが難しくなるからである。このようなことから自己受容は，他者受容や良好な対人関係の基盤と考えられており，マズロー（Maslow, A. H.）が「健康な人間は欠点をすべて認めたうえで，理想の姿とは食い違っていることを承知しながらも自身の人間性を受け容れることができる」[25]と述べているように，健康で成熟した人格の特徴としてとらえられている。

3　自己受容における他者

　自己の否定的な面を受容することは，ありのままの自己を認知することにつながり，そこから現実自己を変革しようとする建設的な努力も生まれてくると考えられる。しかし，これは言葉で言うのは簡単だが，自己の否定的な面に向き合うこと自体が苦痛をともなうものであり，実際は難しいことである。

　そのようなときに，自分の存在を肯定的に受け容れてくれる，家族や友人など，他者の存在が非常に重要であると考えられる。「短所や欠点はあるが，かけがえのない存在である」として支えてくれる他者との関係の中で，自己に対する肯定的な態度は育まれるものであり，そのような身近な他者の支えだけでは困難な状況に陥ったときに，心理療法などの専門的な援助が必要になってくるのであろう。

　本章で述べたアイデンティティは青年期の課題ではあるが，青年期に確立しておしまいというものではない。人生における分岐点は青年期以降も何度となくやってくるだろう。青年期におけるアイデンティティの形成はむしろ，それ以後の危機に立ち向かっていくための基礎としてとらえられるのかも知れない。

――――――――――――――――――〈演　習〉――――――――――――――――――

同一性地位判定尺度[26]をやって，自分の同一性地位を調べてみよう。

以下のそれぞれの文を読み，その内容が現在のあなたの気持ちや生き方にどのくらい当てはまるかを，選択肢に〇をつけて答えてください。

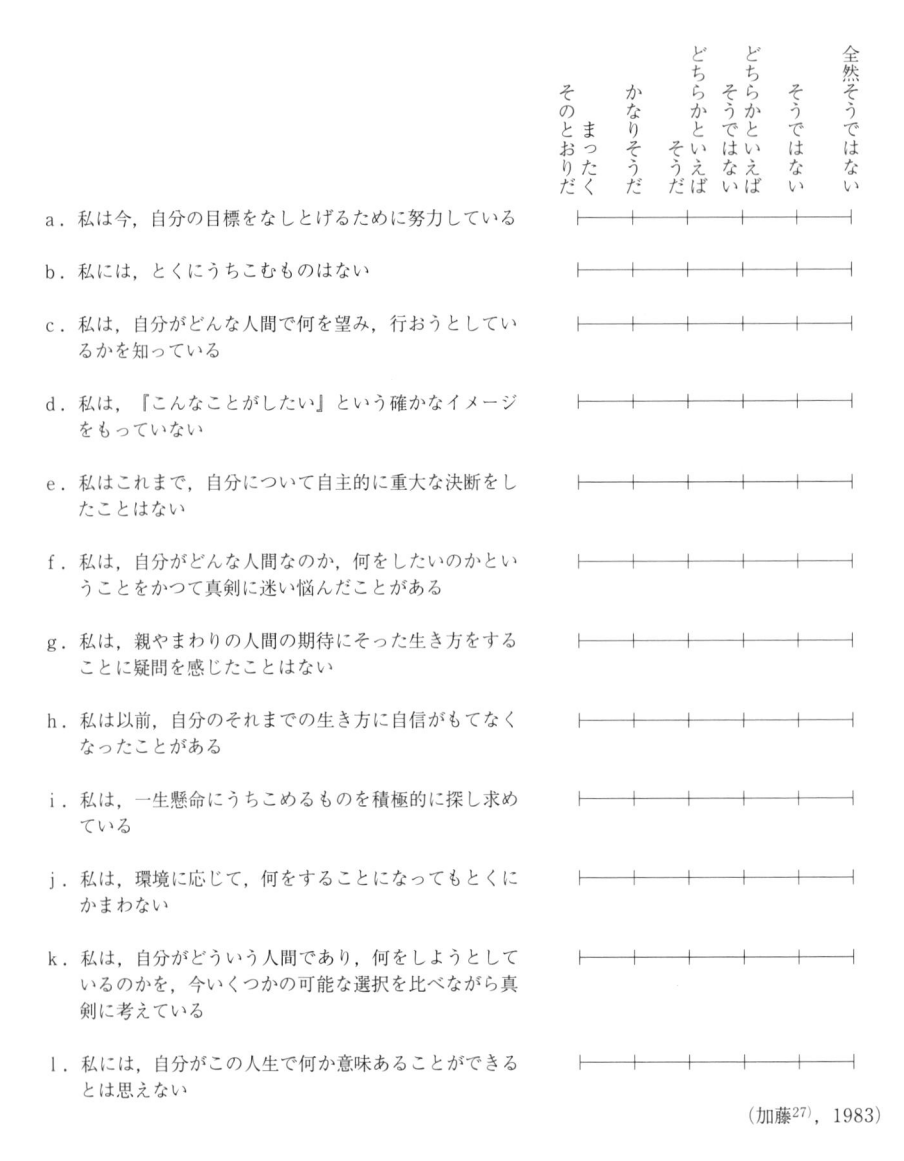

	そのとおりだ まったく	かなりそうだ	どちらかといえばそうだ	どちらかといえばそうではない	そうではない	全然そうではない
a．私は今，自分の目標をなしとげるために努力している						
b．私には，とくにうちこむものはない						
c．私は，自分がどんな人間で何を望み，行おうとしているかを知っている						
d．私は，『こんなことがしたい』という確かなイメージをもっていない						
e．私はこれまで，自分について自主的に重大な決断をしたことはない						
f．私は，自分がどんな人間なのか，何をしたいのかということをかつて真剣に迷い悩んだことがある						
g．私は，親やまわりの人間の期待にそった生き方をすることに疑問を感じたことはない						
h．私は以前，自分のそれまでの生き方に自信がもてなくなったことがある						
i．私は，一生懸命にうちこめるものを積極的に探し求めている						
j．私は，環境に応じて，何をすることになってもとくにかまわない						
k．私は，自分がどういう人間であり，何をしようとしているのかを，今いくつかの可能な選択を比べながら真剣に考えている						
l．私には，自分がこの人生で何か意味あることができるとは思えない						

(加藤[27]，1983)

結果の整理

以下の式に各問の点数（全然そうではない＝1点〜まったくそのとおりだ＝6点）を当てはめて『現在の自己投入』『過去の危機』『将来の自己投入の希求』の点数を算出する。

- (a) − (b) + (c) − (d) +14 ＝『現在の自己投入』
- (h) − (g) + (f) − (e) +14 ＝『過去の危機』　（←順番に注意！）
- (i) − (j) + (k) − (l) +14 ＝『将来の自己投入の希求』

次に各点数の流れ図から自分の自我同一性地位を見つけてみよう。

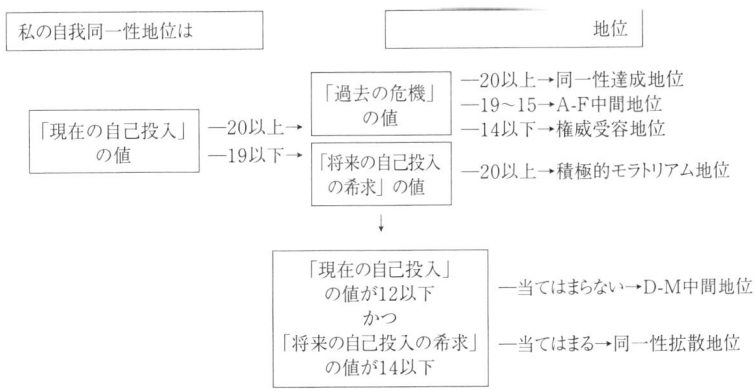

図1−4　各同一性地位への分類の流れ図

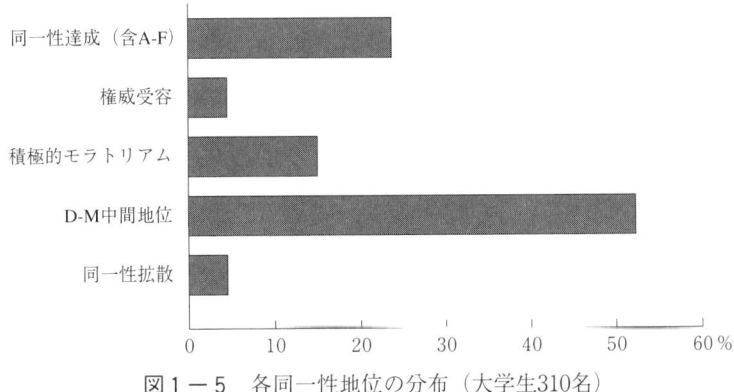

図1−5　各同一性地位の分布（大学生310名）

引用・参考文献
1 ）中島義明（編）　心理学辞典　有斐閣　1999
2 ）Khun, M. H. & McPartland, T. S. *An empirical investigation of self attitudes.* American Sociological Review, 19, 68-76, 1954
3 ）Schoeneman, T. J. *Reports of sources of the self-knowledge.* Journal of Personality, 49, 284-294, 1981
4 ）Schoeneman, T. J., Tabor, L. E., and Nash, D. L. *Children's reports of the sources of self-knowledge.* Journal of Personality, 52, 125-137, 1983
5 ）Luft, J. & Ingham, H. *The Johari window, A graphic model of interpersonal awareness.* University of California Extension office 1955
6 ）エリクソン，E. H.　小此木啓吾（訳）　自我同一性　誠信書房　1973
7 ）鑪幹八郎　アイデンティティの心理学　講談社現代新書　1990
8 ）氏原寛他（編）　心理臨床大事典　培風館　1992
9 ）Marcia, J. E. *Development and Validation of Ego-Identity Status.* Journal of Personality and Social Psychology, 3, 551-558, 1966
10）武藤清子　自我同一性地位面接の検討と大学生の自我同一性　教育心理学研究，27，178-187，1979
11）笠原嘉　青年期　中公新書　1977
12）文部科学省　学校基本調査　2006
13）内閣府（編）　平成15年度版 国民生活白書　2003
14）文部科学省　前掲書
15）笠原嘉　前掲書
16）厚生労働省　10代・20代を中心とした「ひきこもり」をめぐる地域精神保健活動のガイドライン　2003
17）小此木啓吾　ひきこもりの社会心理的背景　狩野力八郎・近藤直司（編）青年期のひきこもり―心理社会的背景・病理・治療援助　岩崎学術出版社, 15-18，2000
18）山中康裕　思春期内閉　中井久夫・山中康裕（編）　思春期の精神病理と治療　岩崎学術出版社　1978
19）内閣府（編）　前掲書
20）本田由紀・内藤朝雄・後藤和智　「ニート」って言うな！　光文社新書　2006
21）鑪幹八郎　前掲書
22）警察庁生活安全局地域課　平成18年中における自殺の概要資料　警察白書　2007
23）勝見吉彰　自殺の心理力動的理解　石田弓（編）　自己をおいつめる青少年の心　北大路書房，11-17，2005
24）氏原寛　ロールシャッハ・テストとTATの解釈読本―臨床的理解を深めるために―　培風館　2005
25）マズロー　小口忠彦（訳）　人間性の心理学　産業能率短大出版部　1971
26）川瀬正裕他（編）　新・自分さがしの心理学　ナカニシヤ出版　1997
27）加藤厚　大学生における同一性研究の諸相とその行動　教育心理学研究，31（4），292-302，1983

第 2 章　対人関係の心理

トピック

　人間にとって，対人関係はどれくらい大事なものなのだろうか。ロビンソン・クルーソーの物語を思い出してみてほしい。ロビンソン・クルーソーは，船が難破してしまい，無人島にたどりつく。クルーソーは，数々の難局を乗り越え，創意工夫を凝らし，たくましくその無人島で生きていった。ただ，周りには誰ひとりとして人がおらず，孤独な状態にあった。この孤独は私たちには，想像を絶するものであっただろう。

　もしこのような状態になったとしたら，はたしてクルーソーのように耐え忍び，一人の力で生き抜くことができるだろうか。できる可能性がまったくないとまでは言わないが，かなりの困難が予想されるだろう。生き抜くだけの知識や知恵を備えているかどうかも大事であろうが，何より，周りに誰もいないという孤独な状態に耐えきれるかどうかが問題である。

　このように，私たちが生きていくうえで，周りの他者との関係を形成することは，必要不可欠なものである。親しい者との別れを経験した際に感じる絶望感や不安などの心の反応は，それをよく示しているだろう。

　この章では，他者との関わりの中において，私たちが，どのような心のはたらきを示し，どのように振る舞っているのかを理解することを目的としている。

キー・ワード

対人認知，ステレオタイプ，対人魅力，身体的魅力，単純接触効果，対人不安，自己呈示，コミュニケーション，メディアコミュニケーション

1節　対人認知

1　対人認知とは

他者との関係を形成する際には，その他者がどのような人物であるかを知り，理解を深めていくことが必要となってくる。このように他者から得られた情報に基づいて他者を理解する過程のことを対人認知という。モノの性質について理解する場合と他者を理解する場合とを比較してみると，他者の場合はより多様な情報を吟味する必要があり，正確に理解することは，容易でない作業であるといえるだろう。

2　対人認知構造

他者と関わるうちに多くの情報が得られるが，ビーチとヴェルトハイマー（Beach, L. & Wertheimer, M.）がそれらの情報をまとめてみたところ，4つの次元が見出され，それぞれの次元の中には，13のカテゴリーが含められた[1]。4つの次元とは，「客観的情報」（外見や社会的背景など），「社会的相互作用」（自分と相手の接し方），「行動の一貫性」（性格など），「パフォーマンス」（能力，興味など）である。このようにまとめてみると，いかに多くの情報を相手から得て，理解のために利用しているかがわかるだろう。

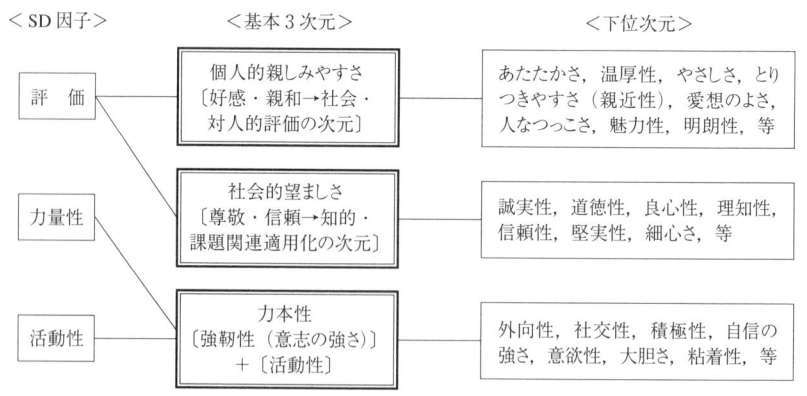

図2−1　パーソナリティ認知の基本3次元（林，1978）

他者がどのようなパーソナリティを持っているのかを理解することは，対人関係を形成していくうえで必須である。林文俊はパーソナリティを認知する際の3つの基本次元を見出している[2]。それによると，3つの基本次元とは，他者に対する好感・親和の側面と関連する「個人的親しみやすさ」，他者に対する尊敬・信頼の側面と関連する「社会的望ましさ」，そして，活動性と意志の強さという二つが合わさった「力本性」である（図2−1）。他者のパーソナリティを理解する際には，これらの基本次元に従い，位置づけを行うことで，理解がなされていると考えられる。

3 対人認知の過程

対人認知が多くの情報に基づいて行われているということを示したが，実際にどのようにそれらの情報が処理されているのだろうか。これまで対人認知の過程については，いくつかのモデル化が試みられているが，ここでは，フィスクとニューバーグ（Fiske, S. T. & Neuberg, S. L.）の「連続体モデル」を紹介する（次頁図2−2）[3]。このモデルによれば，他者との出会いから，段階的・連続的に判断を行うことで，対人認知が行われるとされている。細かくみてみると，他者と出会ったところで，まず何らかのカテゴリー（たとえば，人種，性別や年齢など）に当てはめるということを行う（初期カテゴリー化）。そこで，相手への関心が高かったり，自分にとっての重要性が高い場合には，相手の持つ具体的な情報をより詳細に検討していくこととなる。処理の連続の中で初期カテゴリーと一致しているかどうかの判断が何度も行われ，一致すると判断された場合は，カテゴリーに基づいた判断（カテゴリー依存型処理）がなされる。確証的カテゴリー化（初期カテゴリーと正しく適合するか確かめる）や再カテゴリー化（初期カテゴリーとうまく一致しない場合に，別のカテゴリーを当てはめる）の段階での判断でも一致しないという場合には，個々の情報に基づいた判断（ピースミール依存型処理）が行われる。つまり，このモデルによれば，まずはカテゴリーの当てはめを行い，続いて，そのカテゴリーとの一致の判断を順次行いながら，他者の理解が進められていることがわかる。

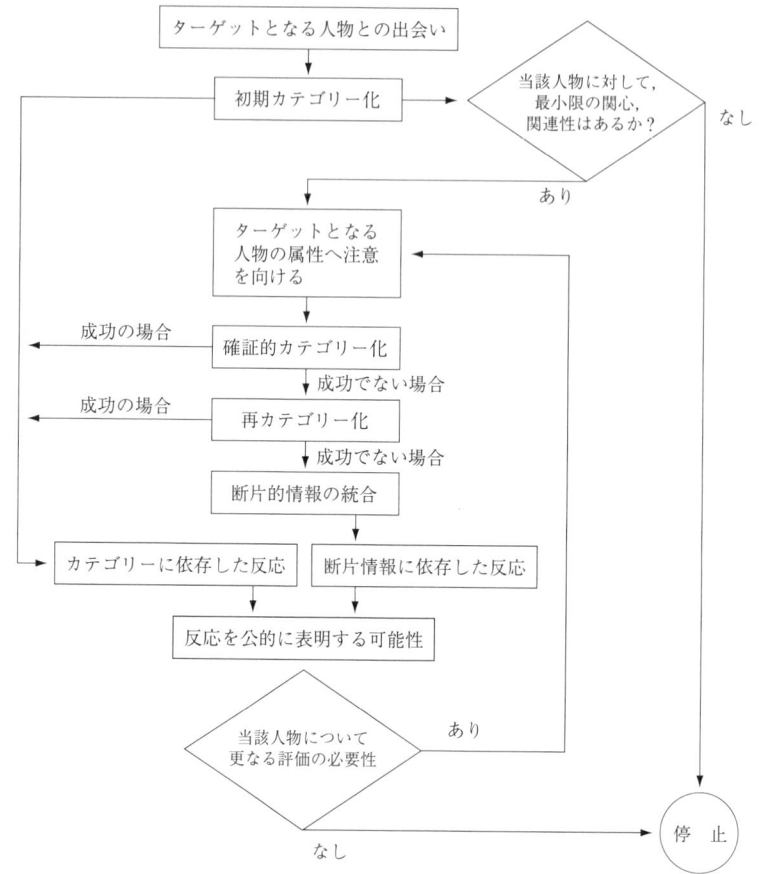

図2-2 連続体モデル（フィスクとニューバーグ，1990)

4 対人認知におけるゆがみ

 ここで注目されるのは，連続体モデルにおいて，他者から得られた情報は，まずはじめにカテゴリー化の過程を経るという点である。私たちはつねにすべての情報に対した処理を行おうとする努力をするわけではなく，必要がなければ負担の少ないように処理しようとするところがある（「認知的倹約家」とよばれる）。つまり，他者と出会った際に，他者から得られた情報のすべてが必ず処理されるというわけではないのである。

 特定の集団のイメージと結びつく属性をその集団に属する人が共通して持っ

ていると信じている特徴のことを「ステレオタイプ」という。たとえば,「あの人は女性だから…」とか,「黒人の人は皆こういうものだ」といった事柄を信じている場合である。私たちは他者と出会ったときに,人種や性別,年齢などといったカテゴリーに区分けしたうえでその他者を見るという処理を行うが,そのカテゴリーと結びつくステレオタイプにより他者を理解しようとすることがある。先に述べたように,すべての情報を吟味し,判断を行うことは大きな負担となるので,ステレオタイプにより他者を理解できれば,時間も労力も節約することができる。そのため,私たちは無意識のうちに,自動的にステレオタイプによる他者の判断を行ってしまうことがあるのである。

　ステレオタイプによって他者を理解することは,確かに労力の節約となるかもしれないが,特定の他者についての理解が正しくなされているのかわからない点,あるいは,そのステレオタイプが否定的な評価や感情と結びついたときに(これは偏見とよばれる),問題となる可能性がある。たとえば,ダーリーとグロス(Darley, J. M. & Gross, P. H.)による実験がそのことを示している[4]。彼らは大学生を対象に,小学生の女の子のビデオを見せ,その学力を推測させた。ビデオの前半が2つの群で異なっており,一方の群では,女の子の家庭が社会的経済的地位の低い家庭とされ,もう一方の群では中流の家庭とされていた。その後,さらに群を2つに分け,一方には前半に続けて女の子がテストを受けている模様のビデオを見せた。その結果,女の子の学力を推測するのに役立つであろう場面(先生との応答の模様)は同じものを見ているのにもかかわらず,あらかじめ女の子の学力が高いと期待される情報(中流の家庭)を呈示された大学生のほうが,学力が低いと期待される情報(貧しい家庭)を呈示された人たちよりも,女の子の学力を高く推定したのである。前半だけを見た場合は顕著な差が出ておらず,前もって高まったステレオタイプにより,その後で与えられた情報を選択的に取り入れ,評価を行った結果と考えられる。

5　他者を正しく理解するために

　このように,ステレオタイプによる他者の理解のしかたは,つねにということではないにしろ,問題を生み出す可能性を持ったものである。また,本人の気づいていないところで,ステレオタイプによる相手の理解をしてしまっている

ことが多く，ステレオタイプを変容，解消することはなかなか難しいようである。

連続体モデルからすると，他者が自分との関わりが深いときには，カテゴリーによる処理がされにくいことがわかる。さらに，動機づけの要因としては，他者を正確に理解したいという動機づけが高いときには，カテゴリーによる処理ではなく，個人の一つひとつの情報に焦点を当てた処理がなされやすい。自分と関わるすべての他者に対して，すべての情報を吟味，処理するということは難しいかもしれないが，自分が他者をどのように理解しようとしているのかという点について振り返り，相手のことをより正確に理解しようと自分に動機づけることが，ときには求められるのではないだろうか。

2節　対人魅力

私たちは，対人関係の中で，人を好きになったり嫌いになったりする。好きだからもっと親密になりたい，嫌いだからもう会いたくないといったように，相手に対する「好き」，「嫌い」といった要素が，対人関係の形成に大きな影響を与えている。このような，人に対して「好き」になったり，「嫌い」になったりする過程は，対人魅力とよばれている。ここでは，どのような要因が，対人魅力に影響を与えるのかについてみてみることにする。

1　性格・態度

性格には，一般的に好かれる性格と嫌われる性格というのがあることがわかっている。松井豊の異性に好まれる性格・印象についての調査によると，表2－1のような結果が得られた[5]。男女で順位に若干の違いはあるものの，上位にランクされた項目としてはほぼ同じものがあることがみてとれる。思いやりがあり，やさしく，明るい（明朗な）人が男女ともに好まれやすいようである。この結果は，青木孝悦によって行われた性格を表す用語の望ましさに関する研究の結果とおおむね一致するものである[6]。青木の研究からは，望ましさの評定が低かったもの（つまり，あまり望ましくない性格）も知ることができるが，望ましくない性格として，「二枚舌を使う」，「他人のせいにする」，「醜い」，「人をあざける」，「人を軽蔑する」などが挙げられる。これらの性格

を持っているかどうかが，対人魅力に影響を及ぼすこととなる。

このように，性格の望ましさが対人魅力に影響することがわかっているが，私たちは自分と同じ

表2−1　異性に好まれる性格・印象の順位

	魅力的な男性像		魅力的な女性像	
1位	思いやりのある	61.5	明朗な	63.6
2位	やさしい	60.2	清潔な	60.1
3位	誠実な	59.1	素直な	54.4
4位	生き生きとしている	58.4	やさしい	53.9
5位	明朗な	51.5	思いやりのある	52.6

※数値は選択された比率（単位％）　松井ら（1983）をもとに作成

ような性格を持つ人に好意を持つことがないだろうか。どれだけお互いに似ているか（類似性），という点が対人魅力に与える影響について検討したいくつかの研究結果をみると，類似性の効果もみられはしたが，全般的にみると，性格の望ましさの影響のほうが強いようである。また，お互いがお互いの足りない部分を補うという相補性が魅力に影響を及ぼすということも言われることがあるが，この説については，否定的な意見が多く存在する[7]。

人やモノ，事柄などに対する感情や考え方のことを「態度」と言うが，態度は対人魅力にどのような影響を及ぼすのだろうか。性格と同様に，態度についても類似した態度を持つ人に魅力を感じるようである。そして，態度については類似している比率が高ければ高いほど，相手への魅力が増すということがわかっている。態度についても性格と同様に望ましさの効果も関わっているようであるが，性格と違い，それほど明確には表れないようである。

2　環境の要因

対人魅力においては，自分と相手の物理的な距離が影響を及ぼす。住んでいる場所が近かったり，クラスや会社が同じで近くにいることが多い場合に，その相手に対して魅力を感じる可能性が高くなる。これを近接性の要因という。近くにいることは，それだけ相手との接触する回数を増やすことにもつながるが，接触のたびに何か特別なことがなくても，ただ接触の回数が増えるだけで，好意が増すことがある。この現象は単純接触効果とよばれるものである。この効果については，ザイアンス（Zajonc, R. B.）の実験により，顔写真への接触頻度が増すほど，写真の人物への好意度が増すことが示されている[8]。CMなどで流れる聞いたこともなかった音楽を繰り返し聞いたり，見たこともない出

演者を何回も見ることで，その音楽や出演者が気に入ってしまったことがあったとすれば，まさにこの単純接触効果の影響といえるだろう。

環境によっては，不安になったり，怖くなったりしてドキドキすることがある。たとえば，高さ70メートルのグラグラするつり橋を渡っているところを想像してもらいたい。かなり怖い思いをすることだろう。ダットンとアロン（Dutton, D. G. & Aron, A. P.）により，このような環境を利用した興味深い実験が行われた[9]。男性がつり橋を渡っているときに，魅力的な女性と出会い，面接を受けるというという実験であった。比較するグループとして，頑丈な木でできた橋を渡り，同様のことを行う群も設定された。この二つのグループで，女性から渡された電話番号を受け取るか，実際に電話するか，面接の話の内容に含まれていた性的な回答の度合いなどが比較された。その結果，頑丈な橋を渡った男性よりも，つり橋を渡った人たちのほうが，実際にその女性に電話をかける割合が多く，面接における性的な回答の度合いも高いことが示された。面接者が男性の場合はこのような差はみられず，つり橋のようなドキドキするような環境においては，異性がより魅力的に感じられるようである。これはつり橋を渡ることでドキドキするというような生理的な興奮が高まっているところで女性に出会うことで，その興奮を女性との出会いによるものだと勘違いしてしまうこと（誤帰属）によると考えられている。

3　身体的魅力

「人を外見で判断してはいけない」ということが言われることがあるが，身体的魅力，外見は対人魅力に確実に影響を及ぼしているようである。ダイエット，化粧，服装，装飾品などにより，自分の魅力をより高めるように，多くの人が努力していることからも，そのことがうかがえる。

身体的魅力と好意との関係を検証した研究では，ウォルスターら（Walster, E. et al.）の実験が有名である[10]。ウォルスターらはまず新入生を対象にダンスパーティーを開いた。パーティーでは初対面同士のカップルをつくるが，その際のうたい文句は，コンピュータが個人データに基づいて相性のいい人を選んでくれる，というものであった。実際のところは，カップルの身長差を考慮する以外はランダムにカップルがつくられていた。さらに，チケットを売るとこ

ろで，参加者一人ひとりの身体的魅力について，実験者側でひそかに評定が行われていた。その後，ダンスパーティーが行われ，休憩時間となったところで参加者はそれぞれ分かれて質問紙に回答を行った。その質問紙は，パートナーについての好意度や今後その相手とデートをしたい度合いなどを尋ねるものであった。実験の結果をみてみると，身体的な魅力の高い人は相手から好意やデートの希望を得やすいことが示された。自分自身の身体的魅力度はとくに関係なく，すなわち自分と相手の魅力度を釣り合わせようとすることなく，魅力的な相手を望む傾向が強かったわけである。この結果より，少なくとも関係の初期においては，身体的魅力が好意に強く影響することが示された。

　バス（Buss, D. M.）によれば，身体的魅力を自分のパートナーに求めることは，特定の文化に限らず，多くの文化でみられるようである。さらに，男性の方が女性よりも，相手に高い身体的魅力を求める傾向も，多くの文化で見られる現象である[11]。また，2, 3カ月の乳児の段階ですでに大人が魅力的とした顔を好んで見るという研究結果もある[12]。これらは，身体的魅力が対人魅力において重要な要因であるということがより強く認識される知見である。

　ただし，関係形成の進展により，身体的に魅力的な人を求めるのか，自分の身体的魅力と釣り合いの取れる人を求めるのかは異なるようである[13]。実際のカップルを見てみると，ある程度釣り合いがとれているのではないだろうか。この点については，ぜひ街に出て確かめてみるとよいだろう。

3節　対人不安

　他者との関係は生きていくうえで欠かせないものであるが，他者との関係における経験がつねにポジティブなものであるわけではない。たとえば，これまでに以下のような経験をしたことはないだろうか。

(1) 何もないところなのに，なぜか一人だけ転んでしまい，それを周りの人に見られ，とても気まずい思いをした。
(2) 自分が学外の活動で優秀な成績を収めたことを授業中に発表され，クラスメートたちから褒められたり，喜んでもらったりして，かえってドギマギしてしまった。

(3) 授業中に，クラスメートの前で突然自分の意見を発表することになり，前に出たものの，頭が真っ白になってしまい，うまく話ができなかった。

(4) あまり話をしたことのない人としばらく一緒にいなければならなくなり，気まずい雰囲気が流れ，妙に緊張してしまった。

このような経験は，その場での不安や緊張の強さに差こそあれ，多くの人が経験したことがあるだろう。このように他者との関係の中で，人は不安や緊張と言ったネガティブな感情を経験することは珍しいことではない。ここでは，このような不安や緊張について考えてみたい。

上で挙げた例は，何か人前で失敗をしてしまったときなどの「羞恥心」，周りの人が知らなかった自己の一面が，突然露わになることなどによる「テレ」，人前でのパフォーマンスをする際などの「あがり」や，慣れない人と会話をする際などの「対人的緊張」を表しているが，これらは大まかではあるものの，まとめて「対人不安」という概念に含まれるものとしてとらえられている。ここでは，対人場面で個人が経験する不安感の総称が「対人不安」であると考えればよいだろう[14]。

1 対人不安とは

対人不安とは，「現実の，あるいは想像上の対人場面において，他者からの評価に直面したり，もしくはそれを予測したりすることから生じる不安状態」という定義が用いられることが多い[15]。この定義からすると，対人不安の生起において鍵を握っているのは，他者からの評価，あるいは他者が自分に対して持つ印象への懸念である。私たちには，他者との関係の中で，自分はこういう人間だと思ってもらいたいイメージがあるだろう。そして，そのような印象を他者に持ってもらえるように，いろいろな努力を行っている。たとえば，ある特定の人の前では話し方や服装をいつもと違うものにしてみたりするのは，そういった努力の一つとも考えられる。このような努力のことを自己呈示というが，この自己呈示が対人不安の生起と強く関連しているわけである。リアリーとコワルスキー（Leary, M. R. & Kowalski, R. M.）によると，対人不安の生起には，相手へ自己呈示を行う動機づけがどれだけ強いかという要因と，実際に自分の望む自己呈示をどれだけ行うことができるかという見積もりの要因の二つの要

因が関わっている[15]。大事な面接の前に強い緊張を感じたり，あるいは新しいクラスメートと話をするときに妙に緊張したりしてしまったりするのは，自己呈示を行う動機づけがとても強いにもかかわらず，自分がどれだけうまく振舞えるか不確実であるために，強い緊張や不安を経験することになるのである。

2 対人不安が対人行動，対人関係に与える影響

対人不安は主観的不安状態と定義されており，ある状況で感じる不安であるが，対人場面であまり不安を感じない人もいれば，多くの対人場面で比較的強い不安を感じる人もいる。このような対人不安における個人差は，対人不安傾向，シャイネス，対人恐怖，社会恐怖，社会不安障害などといった用語により，心理学の中の多くの領域で研究がなされている。多くの対人場面で強い不安を感じることは，他者と関係を築くうえで障害になってしまう可能性がある。ここでは，対人不安傾向の高い人の対人行動，対人関係の特徴について述べる。

対人不安傾向の高い人は，他者と接する際に，他者が自分に対して否定的な評価を行うという期待を持っている。この期待はかなり強いものがあり，他者とほんのわずかの間（チラッと見る程度）の相互作用を行っている場面を想像してもらったところ，対人不安傾向の高い人は，あまり好ましくない評価を相手から受けてしまうと考えていたのである[16]。このような否定的な評価を受けることへの期待を強く持っていることは，対人行動にかなりの影響を及ぼすことになりそうである。実際，社会恐怖や社会不安障害を抱える人は，「安全行動」（たとえば，視線を合わせないようにしたり，発言を抑えて注意を引かないようにするなど）を行うと言われている。否定的な期待により，対人場面の解釈をネガティブな方向に歪めてしまい，恐れている結果を実際に起こらないように回避するための行動と考えられる。

対人不安傾向の高い人は，このような行動を他者に対して行うわけであるが，対人関係の形成にはどのような影響を与えているのだろうか。その点に関する検討を行った調査結果をみると，シャイネスの高い人は，低い人に比べて新しい仲間との対人関係の形成が遅いことが示された。また，恋愛関係となるとシャイネスの低い人に比べて割合が少なく，時間的にみても，恋愛関係となる人の増える割合はゆっくりしたものとなっている。さらに，異性の仲間から得

られるサポートも少なく，1日に人と交わる割合や恋愛的な交わりも少ない傾向にあった[17]）。その他の調査結果でも，高い対人不安傾向は，対人関係の形成に負の影響を及ぼすという知見が得られている。

3　対人不安は必要ない？

　対人不安という感情が，対人関係を阻害してしまうという点を見ると，対人不安という感情自体，存在しないほうがよりよい状態で生活が送れるのではないかと考えるかもしれない。もちろん非常に強い不安を多くの対人場面で感じてしまうような場合には，そのような困難を抱える人に対して，不安が和らぐようにサポートする必要はあるだろう。しかし，もし自分が明らかに状況にそぐわないような，おかしな格好で人前に出たときに，恥ずかしいという思いをしなかったとしたらどうなるか考えてみてほしい。ここでのポイントは対人不安という感情が自己呈示と密接にかかわっていることである。もし他者が持つ自分の印象について，まったく気にせずに行動するようになってしまったとしたら，うまく社会生活を送れなくなってしまう可能性もあるだろう。対人不安という感情はそうならないように，私たちに警告してくれているのである。対人不安を感じる場面は不快であるかもしれないが，大事なことを伝えてくれる対人不安という感情に，ときには耳を傾ける必要もあるだろう。

4節　コミュニケーション

　私たちが他者と関係を形成し，深めていくためには，お互いのやりとりが欠かせないだろう。出会いから関係の進展・崩壊までのどの段階でも，そして，友人関係，親子関係，恋愛関係，教師と生徒の関係などのどのような関係であっても，何かしらのやりとりを行っている。自分の伝えたいことを伝え，相手に理解してもらう。そして，相手の話を聞いて理解する。これらの一連の流れがコミュニケーションである。この節では，コミュニケーションの全体像について見ていくことにする。

```
対人コミュニケーション・  ┌ 音声的 ─┬ (1) 言語的　（発言の内容・意味）
チャネル                        │         └ (2) 近言語的（発言の形式的属性）
                                │                 a. 音響学的・音声学的属性
                                │                    （声の高さ，速度，アクセントなど）
                                │                 b. 発言の時系列的パターン
                                │                    （間のおき方，発言のタイミング）
                                └ 非音声的 ┬ (3) 身体動作
                                            │     a. 視線
                                            │     b. ジェスチャー，姿勢，身体接触
                                            │     c. 顔面表情
                                            ├ (4) プロクセミックス（空間の行動）
                                            │     対人距離，着席位置など
                                            ├ (5) 人工物（事物）の使用
                                            │     被服，化粧，アクセサリー，道路標識など
                                            └ (6) 物理的環境
                                                  家具，照明，温度など
```

※(2)以降が非言語的コミュニケーション

図2-3　対人コミュニケーション・チャネルの分類（大坊，1998）

1　コミュニケーションの種類

　ひと口にコミュニケーションといっても，細かくみていくと私たちはいろいろなチャネル（伝達手段）を駆使してコミュニケーションを行っていることがわかる。ここでは大坊郁夫によるチャネルの違いに応じた分類を示す[18]。

　大きな区分としては，(1)である言語的コミュニケーションとそれ以外の非言語的コミュニケーションになるだろう。言語的コミュニケーションとは，「言葉」を用いたコミュニケーションである。他者とコミュニケーションを何によって行うのかと聞かれたら，真っ先に思いつくのはこの言葉であるかもしれない。しかしながら，コミュニケーション・チャネルを分類していくと，言葉はコミュニケーションを行うための唯一のものでないことがよくわかる。私たちは，言葉によらない，非言語的な部分を多数駆使してコミュニケーションを行っているのである。非言語的コミュニケーションについては，本書第9章の「心と身体」においてより詳細に説明を行う。

5節　メディアコミュニケーション

　他者とのコミュニケーションは，メディアを介して行われる。そのため，ど

のようなメディアを使用するか，そして，そのメディアにどのような特徴があるかということによって，コミュニケーション自体が変わってくる。この節では，近年の使用の増加が目覚ましい，インターネット，携帯電話のメールを取り上げ，その特徴や人間関係の影響についてみていくことにする。

1　インターネットにおけるコミュニケーションの特徴

　インターネットは技術的な進歩により，文字だけでなく，音声や動画を用いたコミュニケーションも可能となっている。しかし，主に文字を使ってコミュニケーションを行うことが多いだろう。このようなメディアによるコミュニケーションにはどのような特徴があるのだろうか。まず，文字だけの使用となると，直接会ってコミュニケーションをする対面に比べて，非言語的な情報がかなり少なくなる。また，匿名の状態でコミュニケーションを行うことができるという特徴もある。これらの特徴により，インターネットのようにパーソナルコンピュータ（以下，PC）を介して行うコミュニケーションは，他者をあまり人間として扱うことがなくなり，情緒的な交わりというよりは，課題指向的な傾向が強まるうえ，相手を傷つける発言が平気でできてしまったりするものとして扱われてきた経緯がある。しかしながら，インターネットのユーザーは，実際には，非言語的情報を補う努力をしたり，仲間へ向けた情緒的なメッセージをインターネットでも多く使用していることがわかってきた。メールに顔文字などをつけてコミュニケーションを行うのも，その努力の一つと言えるだろう。

2　インターネットにおける対人関係

　インターネットに対する研究が行われはじめたころは，メディア自体の評価が否定的なこともあり，インターネット上での人間関係の形成にも否定的な意見が多かった。しかし，実際にデータをとってみると，インターネット上での人間関係が確実に形成されていることが，多くの研究で示されている。むしろ，インターネットというメディアは，自分についての情報を他者に伝えやすく（自己開示の促進），自分の望ましい自己呈示を行いやすい特徴があると言われている[19]。さらに，必ずしも親密な関係ではないが，インターネット上で出会った，多数の「ちょっとした知り合い」との関係（「弱い紐帯」とよばれる）

が，ユーザーにとって利益をもたらすことがある（掲示板やユーザーによる質問，回答を主としたサイトの隆盛がこのことを示しているだろう）。このように，インターネット利用の対人関係への影響については，多くのポジティブな側面が見出されている。

3 携帯電話のメールの対人関係への影響

近年，携帯電話は若者を筆頭に，多くの年齢層で所持されるようになってきた。日本においてはとくに，携帯電話の機能の中でもメールの利用（以下，携帯メール）やインターネットへの接続機器として使用される割合が高い。今や携帯メールは，生活，対人関係にとって欠かせないものとなりつつある。携帯メールのメディアとしての特徴は，PCと多くの部分が共通しているが，携帯メールならではの特徴も存在する。まずはPCを利用したコミュニケーションと異なり，その相手が親しい人（友人や家族など）に大体限られている。携帯電話を未知の他者と知り合うために利用するという利用法は，PCに比べると少ないようである。次に，PCのメールと携帯メールのそれぞれの内容を比較してみると，携帯メールのほうが，より個人的で，そのとき思いついたことやちょっとした面白体験についてなど，何気ない内容となっている。携帯電話は持ち運びが容易であるため，コミュニケーションを行う際の，空間的，地理的制約が少ないからである。

このような携帯メールが対人関係に及ぼす影響を検討した調査結果がいくつかある。大学に入ったばかりの新入生は，入学後の友人への携帯メールの送信数が増加すると，孤独感の低下につながるということである[20]。さらに，携帯電話や携帯メールの使用は，とくに若者の人間関係の希薄化を進めてしまっているという主張もあるが，実際には既存の対人関係（友人や家族）の結びつきを強めるはたらきをしているようである[21]。

以上，インターネット，携帯電話（携帯メール）利用の対人関係への影響をみてきた。ポジティブな側面について多く述べたが，それらのメディアの利用が，つねに人間関係にポジティブな影響を及ぼすということではない。インターネットや携帯電話の利用，そして，そこでの対人関係が，問題になったり，事件の引き金になってしまったりする事例もみられる。しかし，メディアの特徴だ

けが，対人的，社会的な結果をすべて決めるわけではない。むしろ，ユーザーがどのような利用動機や態度を持ち，どのように利用するかということが，ユーザー自身，そして対人関係への影響のあり方を決めるのではないだろうか。

―――――――――――〈演　習〉―――――――――――

シャイネスの測定

　本章では，対人不安という概念についての解説を行ったが，ここでは，対人不安に含まれる概念である「シャイネス」を取り上げ，自分自身のシャイネスの傾向を把握してもらいたい。

①まず，以下の各質問項目について，自分に最も当てはまると思われるところに○をつけてもらいたい。

シャイネス尺度（菅原，1998）

	全くあてはまらない	あまりあてはまらない	どちらでもない	少しあてはまる	よくあてはまる
① パーティーやコンパなどではほとんど目立たない。	1	2	3	4	5
② 友人の数は多い方だ。	1	2	3	4	5
③ どちらかというと無口な方だ。	1	2	3	4	5
④ 人とつきあう中でもっと自分に自信が持てたらと思う。	1	2	3	4	5
⑤ 異性の友人とも気軽に話せる。	1	2	3	4	5
⑥ 先生や目上の人と話さなければならないときには緊張する。	1	2	3	4	5
⑦ 人の中心に立つような役割は引き受けない。	1	2	3	4	5
⑧ 魅力的な異性と話すときにはたいてい緊張する。	1	2	3	4	5
⑨ 入社の面接を受けるときには緊張する。	1	2	3	4	5
⑩ 地位の高い人と話すときには緊張する。	1	2	3	4	5
⑪ いろいろな人間関係の場に顔を出す。	1	2	3	4	5
⑫ 見知らぬ人のなかにいると，たいてい落ち着かない。	1	2	3	4	5
⑬ 自分の方から人に話しかけることは少ない。	1	2	3	4	5
⑭ パーティーに出ると，時々不安になったり落ち着かない気分になる。	1	2	3	4	5
⑮ 自分からすすんで友人を作る方ではない。	1	2	3	4	5
⑯ 人とつきあう中で不安になることなどまずない。	1	2	3	4	5
⑰ よく知らない人に電話をかけるときには緊張する。	1	2	3	4	5

②回答がすべて終わったら，以下のように項目の合計得点を2つ出す。

　　（数字は項目番号）

　(1)　　④（　　）＋⑥（　　）＋⑧（　　）＋⑨（　　）＋⑩（　　）

　　　　＋⑫（　　）＋⑭（　　）＋⑯（　　）＊＋⑰（　　）＝　　　　点

(2) ①(　　)+②(　　)*+③(　　)+⑤(　　)*+⑦(　　)
　　+⑪(　　)*+⑬(　　)+⑮(　　)＝ □ 点

*項目2，項目5，項目11，項目16の得点は，自分の得点を逆転させてから（「5点」→「1点」，「4点」→「2点」，「3点」はそのまま，「2点」→「4点」，「1点」→「5点」），合計をする。

③得点の解釈

　(1)が「対人不安傾向」の得点，(2)が「対人消極傾向」の得点である。自分の得点を下の表の得点と比べてみて，解釈を行う。対人不安傾向，対人消極傾向とも，「傾向が高い」の欄にある点数よりも，自分の点数が高い場合は，その傾向が高いと判断する。「傾向が低い」の得点はその逆となる。両者の中間に位置する得点だった人は，中程度と判断される。

シャイネス尺度　結果の見方

	対人不安傾向			対人消極傾向		
	平均	傾向が高い	傾向が低い	平均	傾向が高い	傾向が低い
得点	32.0	35.6	28.4	22.7	26.4	19.0

④解説

　シャイネスは，「否定的評価に対する過敏さ」である対人不安傾向と，「対人関係に対する無力感」である対人消極傾向（行動の抑制）の2つの要素で構成されていると考えられている[22]。自分自身が，それぞれの傾向について，どのような位置にあるのかをみたうえで，ぜひ自分の普段の対人関係を振り返ってみてほしい。

引用・参考文献

1) Beach, L. & Wertheimer, M. *A free response approach to the study of person cognition.* Journal of Abnormal and Social Psychology, 62, 367-374. 1961
2) 林文俊　対人認知構造の基本次元についての一考察　名古屋大学教育学部紀要（教育心理学科），25, 233-247. 1978
3) Fiske, S. T. & Neuberg, S. L. *A continuum of impression formation, from category-based to individuating processes: Influences of information and motivation on attention and interpretation.* In M. P. Zanna (Ed.), Advances in experimental social psychology. Vol.23. Academic Press. pp.1-74. 1990
4) Darley, J. M. & Gross, P. H. *A hypothesis-confirming bias in labeling effects.* Journal of Personality and Social Psychology, 44, 20-33. 1983

5）松井豊・江崎修・山本真理子 魅力を感じる異性像―同性の推測と実際とのズレ― 日本社会心理学会第24回大会発表論文集，44-45．1983
6）青木孝悦 性格表現用語の心理辞典的研究―455語の選択，分類，および望ましさの評定― 心理学研究，42，1-13．1971
7）奥田秀宇 類似性と対人関係 大坊郁夫・安藤清志・池田謙一（編）社会心理学パースペクティブ1 誠信書房 pp.333-349 1989
8）Zajonc, R. B. *Attitudinal effects of mere exposure*. Journal of Personality and Social Psychology, Monograph Supplement, 9, 1-27. 1968
9）Dutton, D. G. & Aron, A. P. *Some evidence for heightened sexual attraction under conditions of high anxiety*. Journal of Personality and Social Psychology, 30, 510-517. 1974
10）Walster, E., Aronson, V., Abrahams, D. & Rottman, L. *Importance of physical attractiveness and in dating choice*. Journal of Personality and Social Psychology, 4, 509-516. 1966
11）Buss, D. M. *The psychology of human mate selection: Exploring the complexity of the strategic repertoire*. In: Crawford, C., Krebbs, D. L. (Eds.), Handbook of evolutionary psychology: Issues, ideas, and applications. Mahwah, NJ: Lawrence Erlbaum Associates. pp. 405-429. 1998
12）Langlois, J. H., Roggman, L. A., Casey, R. J., Ritter, J. M., Rieser-Danner, L. A. & Jenkins, V. Y. *Infant preferences for attractive face: Rudiments of a stereotype?* Developmental Psychology, 23, 363-369. 1987
13）松井豊 恋ごころの科学 サイエンス社 1993
14）菅原健介 対人不安の類型に関する研究 社会心理学研究，7，19-28．1992
15）Leary, M. R. & Kowalski, R. M. *Social anxiety*. NewYork: Guilford. 1995
16）Leary, M. R., Kowalski, R. M. & Campbell, C. D. *Self-presentational concerns and social anxiety:The role of generalized impression expectancy*. Journal of Rsearch in Personality, 22, 308-321. 1988
17）Asendorpf, J. B. & Wilper, S. *Personality effects on social relationships*. Journal of Personality and Social Psychology, 74, 1531-1544. 1998
18）大坊郁夫 しぐさのコミュニケーション 人は親しみをどう伝えあうか サイエンス社 1998
19）McKenna, K. Y. A. & Bargh, J. A. *Plan9 from cyberspace: The implications of the internet for personality and social psychology*. Personality and Social Psychology Review, 4, 57-75. 2000
20）五十嵐祐・吉田俊和 大学新入生の携帯メール利用が入学後の孤独感に与える影響 心理学研究，74，379-385．2003
21）小林哲郎・池田謙一 携帯コミュニケーションがつなぐもの・引き離すもの 池田謙一（編）インターネット・コミュニティと日常世界 誠信書房 pp.67-84．2005
22）菅原健介 シャイネスにおける対人不安傾向と対人消極傾向 性格心理学研究，7，22-32．1998

第3章　脳と心

トピック
〜心はどこにあるのか？〜

　心はどこにあるかと問われると，「胸が弾む，胸が痛む」などの表現から，ある人は心臓のあたりをイメージし，またある人は「腹が立つ」などの表現から，腹部をイメージするであろう。心とは，人間の精神作用の総体とされている。他の動物と異なり，人間は自分自身の心を意識することができる。これを自意識という。

　フランスの哲学者デカルト（Descartes, 1598-1650）は，「われ思う，ゆえにわれあり」という有名な言葉を残した。この言葉は，「私」という存在を神の視点から解放した。客観的な世界の主体である「自己（私）」を把握し，世界の中で「私」がどのように生きるかを選び，真を偽から見分ける判断力もつ存在であるとした。

　自意識は，ヒト科において飛躍的に発達した大脳新皮質と関わりが深い。約4万年前にオーリナシャン文化を開花させたクロマニヨン人は，新皮質の言語中枢が発達しており，心を表す言葉を使い始めた。彼らは，言葉を使い仲間をつくり大集団で生活していた。さらに，洞窟壁画や彫刻など芸術的表現ができ，歌や舞踏，宗教的儀式も行っていた。クロマニヨン人はわれわれ現生人類の祖先と考えられている。心を表現した彼らの脳は，前頭葉にある前頭連合野の発達が顕著であった。この領域は創造や思考を司る脳の最高位の中枢である。前頭連合野は「人間らしさ」，つまり心の中枢なのである。

キー・ワード

脳の進化，新皮質，前頭連合野，ニューロン，大脳辺縁系，感情，情動，動機づけ，本能行動，遺伝と環境，利他主義，社会的相互作用

1節　心の進化

1　心の起源

　古代より，われわれの祖先は心の在りかについて考えてきた。心は心臓にあると考えられた時代もあった。ヒト科の心の起源を遡ると，約8万年前に存在したネアンデルタール人は仲間に対する同情の感情をすでに持っていた。彼らは仲間が死んだときに埋葬儀式を行っており，先史時代に埋葬された人の傍らには花が手向けられていた。このような発見から，彼らがすでに自己意識と他者の認識，感情や同情心を持っていたことがうかがえる[1]。

　記録に残っている心の研究のルーツは，古代ギリシア時代である。紀元前4～5世紀頃に活躍したアリストテレス（Aristoteles），ヒポクラテス（Hippocrates）やソクラテス（Socrates）らは，心のはたらきや自由意志，人間が共同体を形成することと個人の関係について問いかけを行った。アリストテレスは，著書である「精神論」により，心と身体には密接な関係があり，心は人間だけでなく動植物にも備わっていると述べた。中世には，デカルトに代表される二元論的立場からの哲学的な心の研究が主流であった。デカルトは，心は人間だけにあり，動物は操り人形のような自動機械にすぎず，心と身体は独立した存在であると述べた。

　18世紀半ば以降には，人間や動物の大脳皮質の研究が盛んになり，チャールズ・ダーウィン（Darwin, C. R., 1809-1882）が進化論を発表すると，化石などのさまざまな証拠から，人間（ホモサピエンス・サピエンス）と動物の進化的な連続性が指摘された[2]。ダーウィンの進化論の根幹をなす考え方は，「自然選択（自然淘汰）natural selection」の考え方である。この考え方は，多数の個体のうち環境に適する個体のみが存続し，その環境に適さない個体は生存競争に敗れて死滅するという「適者生存（survival of the fittest）」の原理に基づく考え方である。ダーウィンは，彼の著書である「種の起源」(1859)で，一動物種であるヒトも進化の影響を免れないと述べた。

　MRIなどの開発により，近年，脳の各部位の活動を画像情報として見ることが可能になった。さらに，脳の疾患や損傷を受けた患者の研究から，脳の各部

位が精神性と深いつながりがあることがわかった。現在では，心は脳の状態と密接に関わっていることが周知の事実である。

2　動物の脳

19世紀後半にダーウィンの進化論が発表されると，動物行動の観察と人間行動との比較がさかんに行われるようになった。哺乳動物の最古の化石を代表するものに，約八千万年前の歯の化石がある[3]。約5千万年前に樹上で生活をしていた小さな霊長類（現存するツパイの祖先）の化石も出土している。ヒト科の先祖の化石としては，約3500万年前にヒト上科（現在のショウジョウ科に属する尾なし猿の一種）の化石がエジプトで発見された[4]。

哺乳動物の大脳皮質（一番外側の部分）の構造は，本質的には他の哺乳動物のものと同じである。しかし，ヒト科の脳と他の哺乳動物の脳における最大の違いは，ヒトの大脳前方にある大脳新皮質の著しい増大である。ステファンら（1987, 1988）[5]による脳の大きさ指数によると，もっとも原始的な原猿であるテンレックなど食虫類の脳の各部位を1.0とした場合，大脳新皮質については，チンパンジーなどの霊長類の61.88に比べ，ヒトでは196.41もある（表3－1）。

表3－1　脳の大きさ指標（Stephanら）

	テンレック科	食虫類	原始霊長類	旧, 新世界サル	ショウジョウ科（ヒヒ，チンパンジー，ゴリラ）	ヒト
	(N＝4)	(N＝50)	(N＝18)	(N＝23)	(N＝3)	(N＝1)
延　髄	1.00	1.27	1.56	1.87	1.61	2.09
中　脳	1.00	1.31	2.71	3.40	2.86	5.16
小　脳	1.00	1.64	4.64	6.20	8.81	21.75
間　脳	1.00	1.56	5.56	8.00	8.57	14.76
嗅　球	1.00	0.81	0.52	0.08	0.06	0.03
嗅皮質 (RB, PRPI, TOL)	1.00	0.94	0.65	0.34	0.31	<0.31
扁桃体	1.00	1.10	1.73	2.24	1.85	4.48
中　隔	1.00	1.22	1.91	2.09	2.16	5.45
海　馬	1.00	1.75	2.91	2.64	2.99	4.87
分裂皮質	1.00	1.68	2.80	2.23	2.38	4.43
線条体	1.00	1.80	5.99	10.12	11.78	21.98
新皮質	1.00	2.65	20.37	48.41	61.88	196.41
大脳化指標	1.00	1.43	4.24	8.12	11.19	33.73

Stephan et al. 私信による1988

ヒト科とショウジョウ科の分岐は，おおよそ980万年前から500万年前と推定されている[5]。

ヒト科の祖先は，アフリカを起源として，約50万年間にわたりアフリカからヨーロッパ，極東へと広く移動した。ヒト科の脳容量は約1400ccである。他の霊長類の脳重量比（体重と比べた脳の重さ）と比べて，脳重量比が著しく増加した。その理由として，ヒトの祖先が樹上生活から地上生活での直立二足歩行へ移行し，道具や火，そして言葉を使用したこと，共同生活による食糧の分け合いにともない社会性が発達したことなどがあげられる。

3　行動の遺伝

生体の行動を規定する要因として，生まれながらに持っている生得的要因と，生育環境や文化的背景の影響を受け形成される環境的要因がある。「氏か育ちか」という議論は長年にわたり議論されてきた。生体の成熟には環境的要因がきわめて重要である。しかし，感情や行動は，すべて脳を構成する神経細胞の働きによって現れる。神経細胞には遺伝的プログラムが存在しており，伸びる方向がある程度決まっている[6]。

人やその他の動物の行動パターンは，動物種によってさまざまである。生体は，外的な環境と内的な環境から，常に膨大な感覚や情報を刺激として受け取り，これらの情報を脳の中枢で処理したあと，刺激に対応する反応＝行動を起こす。つまり，生得的要因，もしくは，獲得的要因の一方だけでは生体の行動は説明できない。

われわれの行動や能力が，どの程度まで遺伝的要素に規定されるかを調べた代表的な研究として，家系研究法や双生児研究法がある。家系研究法では，バッハ一族やダーウィン一族などの優秀家系とカリカック家やジューク家などの劣等家系などがあるとした。しかし，同一家系に属する人々の生育環境の類似性も考慮しなければならず，家系研究法は不十分な研究法とされた。

双生児研究法においては，遺伝的素質が同一の一卵性双生児のペアと，兄弟姉妹と同程度の遺伝的類似性がある二卵性双生児ペアが比較された。その結果，一卵双生児ペアの方が二卵性双生児ペアよりも，たとえ異なった環境で育てられても，知能や行動様式に高い類似性があった。しかし，一卵性双生児ペアは

二卵性双生児ペアよりも，周囲の人々から同様のはたらきかけをされる傾向があるので，生育環境の類似性も考慮すべきである。

4　本能行動について

本能行動とは，その大部分が遺伝的要因として決定されている行動パターンである。本能的行動は生得的に備わっており，特定の刺激信号を引き金として起こる。本能行動は，ある動物種すべての個体に共通しており，行動プログラムに従い一定の適切な時期に出現する。

本能的行動の研究は，20世紀前半に動物行動学者たちにより，主として野外での動物行動の観察記録に基づいて行われた。動物行動学者のロレンツは，アヒルや鶏などの早熟性（ふ化直後，自力で移動する）の鳥のヒナが，ふ化して最初に見る動く対象に対して行う追尾行動を本能行動の一つとした。そして，この行動をインプリンティング（刷り込み）と命名した。インプリンティングが起こる特定の期間は臨界期とよばれ，エサなどの強化（報酬）がなくても特定の行動が起こる。臨界期が過ぎると後追い行動は起こらなくなる。さらに，トゲウオの雄が雌に示す求愛行動は，雌のふくらんだ腹部が刺激信号（解発刺激）となり，雄の求愛行動であるジグザグダンスを引き起こす。雄のジグザグダンスに対する雌の反応が雄に対する刺激となり受精を促す。トゲウオの行動は，種に生得的に組み込まれている行動パターンであり学習や訓練は必要ない。

本能的行動は，比較的下等な動物に見られる生得的で融通のきかない固定的行動パターンであることが多い。哺乳動物のように，状況に柔軟に適応する動物種にはあまり見られない。しかし，人間にも本能的行動とよべるものがある。たとえば，人間どうしが出会ったときに行う挨拶行動の基本的パターンは，文化差を超えて人類に固有な本能行動と考えられている[7]。

新生児にみられる社会的微笑（三カ月微笑）などは生得的に生じる本能行動の一例である。ロレンツは，人間の育児行動パターンや主たる養育者から子どもへの情緒的はたらきかけは，人間に備わった生得的行動パターンであると述べた[8]。ロレンツは，子ども特有の身体的特徴である身体に比べて大きな頭部や短く太い手足，丸みをおびた体型や，顔の真ん中より下にある大きな目などに対し，人間の大人が示す情緒的反応や行動パターンは生得的なものである

と指摘した。すべての生き物は,生存と種の維持のために食物を見つけ,危険を避け,生殖し,仲間と敵を見分けなければならない。そのために,感覚器を通して環境から有害なものを探索する。誕生直後は,しばらく無力であるため保護されることが必要である。多くの動物に共通して見られる基本的で原型的な行動パターンである保護行動,破壊行動,生殖行動,再統合行動,親和行動,拒否行動,見当づけ行動や探索行動などは,人間においても例外ではない。

5 生育環境と行動

行動の出現に遺伝と環境がどの程度寄与しているのかを考えるとき,どの動物種のどの行動に焦点を当てるか考慮する必要がある。たとえば,赤い皮膚をもつトカゲと緑色の皮膚をもつトカゲの違いは,皮膚の色素を決める遺伝子の相違に起因するが,緑色のトカゲと青いトカゲの皮膚の色が違うのは,生息地の環境が違うからであると仮定しよう。皮膚の色の違いという同一のケースを,別の次元で検証しなければならない[9]。

20世紀後半,心理学の主流を築いた行動主義心理学者たちは,人間の行動の発達を規定するものは,生後の生育環境や経験であるとする環境論を唱えた。行動主義心理学の代表的な研究者であるワトソンは,生体の成熟は遺伝的要因とかかわりなく,学習と経験により習得されるとした[10]。たしかに,生育初期における経験が,動物のその後の行動に大きな影響を与えることは明らかである。たとえば,生後間もなく親や仲間から隔離されて飼育された子ザルは,人が近づくと情緒的な混乱を示し,オリから出しても仲間のサルと適切な関わりができず,退行,自傷,攻撃などの不適応的な行動を示した[11]。さらに,視覚など知覚系のはたらきにも生育初期の経験は重要である。図3－1に仔ネコの視覚実験の様子を示した。仔ネコの視覚ユニットと生育環境の実験では,一日のうち一定時間を縦縞だけ(あるいは横縞だけ)の世界で過ごさせ,あとは暗闇で育てた仔ネコの行動を調べると,縦縞(横縞)を見て育ったネコは横方向(後者は縦方向)の刺激を無視した[12]。縦縞の世界で飼育された仔ネコの視覚皮質にあるニューロン(神経細胞)のほとんどが縦方向の刺激に反応し,横方向の刺激には反応しなくなっていた(横縞の世界で飼育された仔ネコのニューロンは,その逆となる)。ただし,後に個体の発達に不適切な環境を取

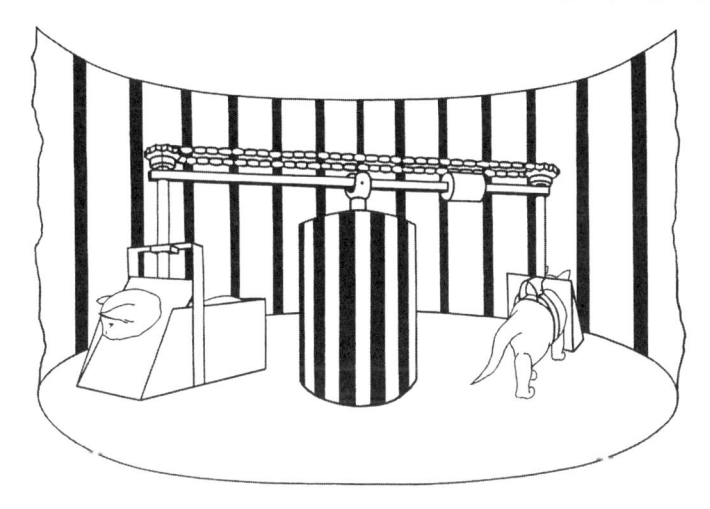

図3−1　仔ネコの視覚・運動協応の発達（Held & Hein, 1963）

り除き，通常の社会生活を営ませると，不適切な行動の修正がある程度可能である。

6　社会的相互作用

2千万年近くにおよぶ人類進化において，人類の祖先は生存に有利なように群れを形成し，その構成員として社会的相互作用を営んできた。現代社会でも，人はさまざまな人間関係を通して相互に影響を与え合っている。社会的相互作用は，文化を超えて全人類に共通した行動であり，複雑な認知的処理を必要とする適応行動である[13]。200万年前のものと推定される共同の住居跡では，道具や動物の骨が集められていた。当時から人類の祖先は集団で狩りや採集を行い，持ち寄った食物を分け合っていたことがうかがえた[14]。

原始社会における食物の分け合いなどの社会的相互作用は，利他主義の現れであると考えられる。利他主義とは，人間の特別な道徳的行動に対して用いられる言葉であり，個人的な利益は考えないで他者のために善をなすこととされている（19世紀中期のオーギュスト・コントによる定義）。利他主義的な行動は人類に特有である。チンパンジーなど野生の霊長類は，傷を負った仲間に対する同情を示さないという報告例もある[15]。

これに対し，現生人類の亜種であるネアンデルタール人（約10万年前〜4万年前）は，死者に対する畏敬の念をもち，死んだ仲間に花を手向け顔面に塗料を塗って埋葬していた。かれらの埋葬儀式は利他主義のよい例であろう[1]。6万年前の共同住居跡からは，身体的能力を失った仲間の世話を長期間行っていたとみられる形跡も発見された[16]。

ヒト科の祖先は，樹上生活から地上での二足歩行に移行したことで移動距離が大幅に拡大し，遠方での狩りで得た肉や周辺で採取した木の実などの食糧を共同住居へ持ち帰ることができるようになった。人類の祖先は，生息地において仲間と分業しながら子孫を育て生存の可能性を拡大した。共同住居での分業や食糧の分け合いは，危険に満ちた当時において，とりわけ雌のストレスを軽減しヒト科の社会性獲得への重要な鍵となった[17]。

ヒト科の生殖行動の変化は，大脳辺縁系に起因している。たとえば，母親のストレス減少により，視床下部の卵巣エストロゲン生産が活性化される。活性化を高めたエストロゲンは視床下部－辺縁系にはたらいて，大脳皮質，特に帯状回と前頭前野に投射し，異性を視覚・触覚・嗅覚により誘引する。そこで，雌雄の結びつきが強化され核家族化が普及し，同情や愛の感情がうまれたとされる[18]。ラブジョイ（Lovejoy, C.O.）[17]は，核家族化がヒト科の進化的成功の中核であると指摘している。利他主義的行動は，自分自身や血縁者の生存率に有利にはたらいたため，自然選択されたと考えられている。

第2節　脳と行動

1　脳と感情

人間は社会的な生き物である。われわれが体験する喜怒哀楽などの感情は人間関係と関わっている。では，感情は脳のどの部分が司っているのだろうか。生理学者キャノン（Cannon, W.B., 1953）は，情動の座を間脳の視床下部と定位し情動理論を提唱した[19]。ビュシー（Bucy, P.C., 1935）は，情動の座の基本的中枢は視床下部で，大脳辺縁系（海馬－視床下部－乳頭体－視床前核－帯状回）をその上位中枢とし，両者が調節的に機能すると考えた[20]。キャノンは，ネコが強い情動を示すと消化器の蠕動が止まることから，情動刺激により自律神経

第3章 脳と心　51

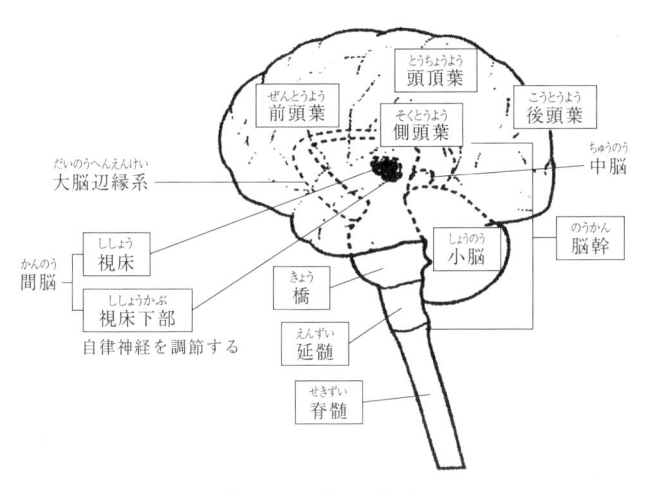

図3−2　脳の断面図

（図中ラベル）
前頭葉（ぜんとうよう）
頭頂葉（とうちょうよう）
側頭葉（そくとうよう）
後頭葉（こうとうよう）
大脳辺縁系（だいのうへんえんけい）
中脳（ちゅうのう）
間脳（かんのう）
視床（ししょう）
視床下部（ししょうかぶ）　自律神経を調節する
橋（きょう）
小脳（しょうのう）
脳幹（のうかん）
延髄（えんずい）
脊髄（せきずい）

系の交感神経が興奮し，副腎皮質（直接にアドレナリンやノルアドレナリンを血中に分泌する内分泌腺）からのアドレナリン分泌が増えた結果，消化器の蠕動が停止すると考えた。その後，キャノンによりノルアドレナリンの存在が明らかになった。生体が不安要素の強い情動を起こすときはアドレナリンが，怒りや攻撃性が強いときはノルアドレナリンの分泌が増大することが見出された[21]。

　不安，恐怖，怒り，驚き，喜びなど心身ともに落ち着かない感情状態を経験するときは，交感神経と副交感神経の両方のはたらきが亢進するが，抑うつ，悲しみ，絶望など自分の中に引きこもるような感情を体験するときは，両神経の機能ともに低下する[21]。情動体験においては，交感系，副交感系，内分泌系のはたらきが見られ，脳の中枢においては視床下部と大脳辺縁系が機能して両側面の接点となる。大脳辺縁系の位置については，図3−2を参照されたい。

　ワイス（Weiss, J.M.）によるネズミの実験では，断食や情動刺激のみでは潰瘍を生じないが，断食に恐怖感，餌は食べられるが感電が伴うショック条件を加えると，潰瘍の発生が高くなることがわかった。精神的ストレスや緊張に持続的にさらされると，潰瘍が発生しやすいことも納得できる。また，意識されない漠然とした不安や不快も潰瘍の原因になる[22]。心身症は発病までのプロセスに心理的要因の影響が重なることによる。医学的治療とともに心理面からの

治療を行うことで症状が好転するケースも多々ある。

2　動機づけと脳の関わり

　動機づけとは，生体に行動を起こさせ，その行動を継続させ方向づける一連のプロセスである。動機づけには，生体の内的要因と外的要因の両方が関わっている。動機づけにおける内部要因として「欲求」がある。飢餓状態や渇水状態にあるとき，食物や水分を探すという行動を生起させる推進力を「動因」という。一方，他者からの賞賛や承認など社会的欲求に対応する推進力が「動機」であり，学習や経験など認知的過程をとおして行動を起こす推進力とされる。誘因は動因に，目標は動機に対応して用いられる言葉である。

　飢餓，渇き，呼吸，排泄，睡眠，危険回避など，固体保存や種の保存に関わる欲求を生理的欲求（一次的欲求）とよぶ。これらの欲求は生体内部の恒常性を保つホメオスタシスによって起こる。身体の維持に必要なものが不足したり不要なものが過剰になると，生体内部に緊張状態が生じる。その結果，生体は体内バランスを保つために行動を起こす。視床下部にある摂食中枢や満腹中枢は，これに関わる部位である。

　ただし，人間の摂食行動は認知的要因の影響が強いため，必ずしもホメオスタシスによって生起するとは限らない。前述の承認，親和，依存，達成の欲求は多分に認知的側面を含んでいる。以上，動機には欲求の座である脳幹部分に関するものから，人類特有の創造性や自己実現など前頭連合野に関するものなどさまざまなレベルがある。

第3節　脳と心の障害

1　うつ病

　誰しも気持ちが落ち込みがっかりした気分を経験するが，うつ病と診断されるのは，本人が苦痛を感じる期間が数週間から数カ月，時には数年にわたる場合である。米国で8000人の成人男女を対象に行った調査によると，約20パーセントの人々が深刻な鬱に悩んでいた（Kesslerら，1994）。その他の人々の多くは強い不安やなんらかの心的問題を抱えていた。

うつ病の特徴には，不安や恐れ，憂鬱感，意欲低下，暗い表情，睡眠障害などがある。うつ病の人は，概してして普通の人より長く眠り一度早く目が覚めると再び入眠が困難となる。日中はどんよりとした気分であることが多い[23]。

　うつ病の原因はさまざまであり，一般的にはその人の日常体験と生理的傾向が結びついて発症する。うつ病や躁うつ病は，親族の中にうつ病の人がいると発症する確率も上昇する傾向があり，遺伝的要因が10パーセントから20パーセントといわれている。うつ病の危険因子だけではなくアルコール依存症や薬物依存，不安障害の発症傾向も高くなる[9]。

　うつ病は，神経伝達物質のうち，セロトニンやノルアドレナリンが過少になると発症する。とりわけ，脳幹の縫線核（ほうせんかく）にはセロトニン受容体（5-HT1A）が多く存在し，扁桃体－縫線核を中心とする回路の中でセロトニン神経の活動が低下すると不安が発生する。

　うつ的状態のときには左大脳半球（とくに前頭葉のあたり）と側頭葉の一部に不活性化がみられ，グルコース・メタボリズム（代謝）率が低下する。一方，躁状態のときは，グルコース・メタボリズム率が高くなる。EEG（脳電図＝electro-encephalogram）の測定結果でも，大脳右半球の活動が左半球の活動より高くなることが示されている。認知的課題を行っているときに，うつ病の人の視線は右側より左側を見る傾向がある[9]。

　1950年代以降に開発された初期の坑うつ剤は，カテコールアミン・シナプスの活動を活性化するものであった。現在，効果のある坑うつ剤は，カテコールアミンやセロトニンが前シナプスへ再取り込みされることを阻害し，神経伝達物質がシナプス間隙に長くとどまり，後シナプス細胞を刺激するようにはたらく。第三世代坑うつ薬として，1999年にセロトニン再取り込み阻害薬（SSRI）が，さらに2000年にセロトニン－ノルアドレナリン再取り込み阻害薬（SNRI）が登場し，セロトニンとノルアドレナリンの微調整が可能となった[24]。

　うつ病の治療は，薬物療法の他に心理療法がある。本人が自分は怠慢であり値打ちがない人間だと責めず病気であることを自覚し，精神的休養を取り，初期や回復期に多いといわれる自殺はしないことを治療者と約束し，人生における大きな決定をしないことも重要である。

　ところで，天才とよばれる人の中には，感情の病にかかる人が多いようであ

る。イギリスの生物学者ダーウィンは，20歳代初めにビーグル号で航海へ出る直前から自律神経性うつ病にかかり，その後華々しい研究活動をする一方，生涯を通し抑うつ症状が続いた。めまい，疲労感，頭痛に悩まされ，治療を続けながら8年がかりで有名な著書『種の起源』を完成させたと言われている[24]。

2 認知症

認知症とは，著しい記憶障害であり，年齢を重ねるたびに症状が進行する。一般的には，65歳から74歳の人の5パーセントが，85歳以上の約50パーセントの人が認知症と診断されるが，まれに50歳前後の発症や40歳より前に発症することもある[25]。認知症の症状は，最初は些細な物忘れにはじまり，重篤な記憶の喪失，混乱，うつ的気分，幻覚，身の置きどころのなさ，思い違い，食事や睡眠の異常など，日常的活動にも支障をきたす。認知症の人は，新しい単語や初対面の人のを覚えることに困難をきたすが，手で握っているポインターで動く物体を追うなど技術的スキルの学習は比較的よくできる[26]。

認知症の人は，大脳皮質，海馬とその周辺が著しく収縮している。もっとも深刻なダメージは，海馬との情報交換を司る大脳皮質の一部のダメージである。アセチルコリンを放出するニューロンのプラークの萎縮が認知症患者の前頭皮質で見られている。プラークは，β－アミロイドとよばれるタンパク質を蓄えるので，このβ－アミロイドという化学物質が認知症の原因と関わっている可能性が高い。β－アミロイドをラットの脳に注射すると，ラットは認知症に似た症状を発症した。そのことから，β－アミロイドの過剰生産と認知症の関わりが示唆されている[27]。

認知症の遺伝的側面も示唆されているが決定要因ではなく，一卵性双生児の一方が発症しても他方は発症しないことも多々ある。遺伝的要因の手がかりの一つとして，ダウン症の人々が中高年期で認知症を発症するケースが多く見られることが指摘されている。ダウン症の原因は，21番目の染色体が通常2本のところ3本あることなので，染色体21と認知症の関わりを示唆する研究者もいる。

しかし，認知症は複数の異なった遺伝子との関わりがある。たとえば，若年性の早期認知症を発症する家系に属する人の染色体21の内部または周辺に変異が発見された。この遺伝子は，β－アミロイドが生成される前段階であるタン

パク質の組成を決定する遺伝子である。高齢になって認知症を発症する人々には，遺伝的基盤がほとんど見られない[9]。

3　自閉症

自閉症とは，広汎性発達障害の一つで，中心的特徴は，周囲の人的環境に無関心で，他者からのはたらきかけに対し無反応であることである。たとえば，視線が合わない，言葉が遅れている，同じ行動や言葉を繰り返す，意味のないものに執着する（石や電気スイッチ，カギなど），コマ回しや横目をするなどの特徴を示す。執着する対象物を移動すると，元に戻すまで爆発的に怒り癇癪を起こすことがある。自閉症ということばは，カナーにより1943年に用いられ，2500人に一人の割合で，男児に女児の4〜5倍の頻度で現れるといわれている[9]。

自閉症の子どもは，人の顔にあまり興味を示さないが，周辺の景色は非常に詳しく観察している。また，人の声よりも自転車や機械音に注意を向ける傾向がある。人の顔や音声にあまり注意を向けないので，相手の表情や音声を手がかりとして，相手の考えや気持ちを推し量ることが苦手である。このことは，4歳児が他者の心の理解ができるかどうかを見るための課題である誤信念課題（第5章参照）において明らかに示されている。誤信念課題では，自閉症の子どもと自閉症ではない子どもの正答率（移し変えられたボールがどこにあるかを他者の立場に立って答える課題）を比較すると，自閉症ではない子どもの正答率は4歳で90パーセント，9歳では100パーセントであった。自閉症の子どもの正答率は，4歳で20パーセント以下，14歳から15歳頃に100パーセント近くなることが分かっている[28]。自閉症の子どもは相手の立場にたつことが苦手なようである。自閉症の子どもは少しの環境変化に対しても敏感に反応する傾向があるが，適切に整えられた環境の中では，他者の指示にも柔軟に従うことができる[9]。

自閉症の診断は，生後30カ月以前に可能である。自閉症の原因は，家庭環境や文化民族的背景にあると考えられていた時代もあった。しかし，現在では養育者の養育態度や生育環境，人種，宗教とはほとんど関わりがないことが分かっている[9]。自閉症発症の生理学的要因は，放射線による遺伝子欠損や胎内での発育過程における何らかの異常とも考えられているが，最近では，24000種

の遺伝子を構成するDNAという細長いヒモ状物質である染色体のうち，7番目に大きい染色体と11番目に大きい染色体の一部が置き換わる現象（転座）と関わっているのではないかという説もある。この転座の部分にもともとあったはずの遺伝子（FOXP2）が，学習障害の一つである難読症の原因遺伝子として知られていたことから，自閉症にみられる言語機能の問題とかかわっているとされる。さらに，左側頭葉にある言語野の機能低下が示唆された[28]。このことは，自閉症の人が，人の目線や音声にあまり注意を向けないことへの説明にもなっている。

──────────〈演　習〉──────────

　男性の脳と女性の脳には，なぜ脳梁後部の膨大部の大きさに違いがあるのだろう。その理由と，それが男女のパーソナリティの違いとどう関わっているかを，グループで話し合い考えてみよう。また，あなたの男性度・女性度をチェックしてみよう。以下の40項目について，あてはまる項目は1点，あてはまらない項目は0点として回答しよう。

1　自分の力を信じている	15　分析的である	29　自分の立場を明確にする
2　従順である	16　共感性が高い	30　親和的である
3　自分の信念を守る	17　リーダーシップを発揮する	31　攻撃的である
4　ほがらかである	18　人の気持ちがよくわかる	32　だまされやすい
5　自立している	19　あえて危険をおかす	33　リーダーとしてふるまう
6　内気である	20　ものわかりがよい	34　無邪気である
7　スポーツが得意である	21　決断が早い	35　個人主義的である
8　愛情ゆたかである	22　同情心があつい	36　言葉づかいがていねい
9　自己主張がつよい	23　自分に満足している	37　負けん気が強い
10　おだてにのりやすい	24　傷ついた人を慰められる	38　子ども好きである
11　我が強い	25　人に指図する	39　向上心がある
12　誠実である	26　人あたりがやわらかい	40　やさしい
13　押しが強い	27　男性的である	
14　女性的である	28　あたたかい	

全項目への回答が終わったら，偶数番号の女性項目と，奇数番号の男性項目の合計点をそれぞれ計算する。各項目が20点中14点以上であればその性度が高く，13点以下であればその性度が低いと判断する。偶数番号の合計点が高い場合は女性タイプ，奇数項目の合計点が高い場合は男性タイプ，両方の項目が高い場合はアンドロジニー・タイプ，両性度とも低い場合は未分化タイプである。近年，両性の特徴をバランスよく備えたアンドロジニー・タイプの社会的適応性がよいという報告もある。あなたのタイプは何タイプだったであろうか。

石田英子　ジェンダー　青柳肇　他（編著）パーソナリティ形成の心理学　1996　福村出版；よくわかる心理学28講　堀野緑　他（著）1997　福村出版, p.118

参考文献・資料
1) Hawkes, J. (1965). *Prehistory*, in History of Mankind, Cultural and Scientific Development, vol.1, Part1. London: UNESCO, New English Library.
2) Darwin, C.(1859). *On the origin of species*. London: Murray.
3) Stebbins, G. L. (1982). *Darwin to DNA, Molecules to Humanity*. New York: Freeman
4) Pilbeam, D. (1972). *The Ascent of Man*. New York: Macmillan.
5) Stephan, H., Baron, G. & Frahm, H. D. (1987, 1988). *Personal communications*.
6) 心と脳の関係，融道男（2005）ナツメ社
7) Eibl-Eibesfeldt, I. (1974). *The myth of the aggression-free hunter and gatherer society*. In R. Holloway (Ed.), Primate aggression, territoriality, and xenophobia (pp. 435-457). New York: Academic Press.
8) Lorenz, K. (1971). *Studies in Animal and Human Behaviour*, vol.2. London: Methuen.
9) Kalat, J. W. (1993). *Biological Psychology*. Books/Cole Publishing Company.
10) Watson, J. B. (1925). *Behaviorism*. New York: Norton.
11) Harlow, H. F. & Harlow, M. K. (1962). *Social deprivation in monkeys*. Scientific American, 207, 136-146.
12) Blakemore, C. & Cooper, G. F. (1970). *Development of the brain depends on the visual environment*. Nature, 228, 477-478.; Held, R. & Hein, A. (1963). *Movement-produced stimulation in the development of visually guided behavior*. Journal of Comparative and Physiological Psychology, 56, 607-613.
13) Cashdan, E. (1989). *Hunters and gatherers: Economic behavior in bands*. In S. Plattner (Ed.), Economic Anthropology (pp. 21-48). Stanford: Stanford University Press.
14) Isaac, G. (1978). *The food-sharing behaviour of proto-human hominids*. Scientific American, 238 (4): 90-108.
15) Washburn, S. L. (1969). *The evolution of human behavior*, in The Uniqueness of Man. Amsterdam, London: North-Holland, pp. 167-189.
16) Solecki, R. S. (1971). *Shanidar*. New York: Knopf.
17) Lovejoy, C. O. (1981). *The origin of man*. Science, 211: 341-350.

18) 脳の進化, ジョン・C・エックルス, 伊藤正男訳（1990）東京大学出版会
19) Cannon, W. B. (1953). *Bodily changes in pain, hunger, fear, and rage* (2nd Ed.). Branford, Boston.
20) Bucy, P. C. (1935). *A comparative cytoarchitectonic study of the motor and premotor areas in the primate cortex*. J Comp Neurol, 62:293-311.
21) 感情と人間関係の心理, 齊藤勇（1986）川島書店
22) Weiss, J. M. (1971). *Effects of punishing the coping response (conflict) on stress pathology in rats*. Journal of Comparative and Physiological Psychology, 77, 14-21, (12).
23) Kessler, R.C., McGonagle, K. A., Zhao, S., Nelson, C. B., Hughes, M., Eshleman, S., Wittehen, H. U. & Kendler, K. S. (1994). *Lifetime and 12-month prevalence of DSM-III-R psychiatric disorders in the United States*. Archives of General Psychiatry, 51, 8-19, (16).
24) Sarich, V. M. & Cronin, J. E. (1977). *Molecular systematics of the primates*, in M. Goodman and R. E. Tashian (eds.) Molecular Anthropology. New York: Plenum Press, pp. 141-170.
25) Evans, D. A., Funkenstein, H. H., Albert, M. S., Scherr, P. A., Cook, N. R., Chown, M. J., Hebert, L. E., Hennekens, C. H. & Taylor, J. O. (1989). *Prevalence of Alzheimer's disease in a community population of older persons*. Journal of the American Medical Association, 262, 2551-2556, (13).
26) Eslinger, P. J. & Damasio, A. R. (1986). *Preserved motor learning in Alzheimer's disease: Implications for anatomy and behavior*. Journal of Neuroscience, 6, 3006-3009, (13).
27) Rosenberg, R. N. (1993). *A causal role for amyloid in Alzheimer's disease: The end of the beginning.* Neurology, 43, 851-856, (13).
28) 脳内物質が心をつくる, 石浦章一（2001）羊土社

第4章　性格の心理

トピック

　心理学は新しい学問であるが，性格に対する関心は古くからあった。初めて性格を学術的に研究したのは古代ギリシアの哲学者アリストテレスである。その後，古代ローマ時代の医師ガレノスによって性格の理論が体系化された。ガレノスは血液や粘液などの体液の状態と性格との間に関係があると考えた。たとえば血液の量が多い人を多血質とよんで，その人は快活で活発な性格を有すると考えた。ガレノスの理論は現在の視点からみると受容しがたい奇妙な理論に思われるかもしれないが，われわれは決して当時の人々を笑うことはできない。今でも体液としての血液型と性格との関連を信じる人は少なくなく，性格に関する俗説や疑似科学的理論はたくさん存在する。しかも今から100年後には，現在の性格心理学の理論がどう受け取られるのかは誰にも予測することができないのである。しかし確実に言えることが一つある。それは古代から続いてきた性格を学術的に解明しようとする試みは，自分や他人の性格を深く知ることで，よりよい人間関係を築き，より充実した生活を送ろうとする欲求の現れであるということである。性格に対する心理学的な探求は，これから何世紀を経ようともずっと続くであろう。

キー・ワード

性格，類型論，特性論，向性，性格検査，質問紙法，作業検査法，投影法，血液型性格関連説，知能指数，情動指数，エゴグラム

1節　性格とは

1　性格の定義

オルポート（Allport, G. W.）は性格を「個人のうちにあって，その個人に特徴的な行動や思考を決定する心理的物理的体系の総称であり，個人の内部に存在する力動的組織である」と定義している。性格研究では，この定義が広く受け容れられている。簡単に言えば，性格とは，個人に繰り返し観察される特徴的な行動パターンや考え方を規定している内的要因のことである。

われわれは性格という概念を利用することによって，個人の行動傾向を理解しようとするのである。たとえば，どんな人にも打ち解けて親しく振舞う人がいたとすると，その人は社交的な性格とみなされる。そして，社交的な性格であるがゆえにいつでもどこでも大勢の友人に囲まれていると判断され，初対面の人の接待も上手にこなすであろうと期待される。つまり，個人の行動傾向は性格という内的要因に基づいており，それはいつでも変わらず（継時的安定性），どのような状況でも一貫して変わらない（通状況的安定性）という暗黙の前提をわれわれは持っているのである。このように性格という概念を用いることで，われわれは個人の行動を理解して予測することが容易になると考えるのである。

2　性格の形成要因

性格が遺伝によって決まるのか，それとも環境に大きく影響されるのかという，いわゆる「遺伝か環境か」の議論は古くから行われてきたが，現在では両者を切り離して考えることは不可能であり，性格形成には双方の影響を加味して検討する必要があると考えられている。すなわち，個人の性格がある程度は遺伝的な素質を受け継いでおり，その影響は特に発達の初期に強くみられることが認められている。しかし，性格は単に遺伝によって受動的に形成されるものではなく，むしろ個人が環境からの刺激を能動的に感受することによって形成される部分も大きく，性格は遺伝と環境との相互作用によって成立していくと考えられるようになったのである。

遺伝と環境が性格形成に及ぼす影響を研究する有力な方法に双生児法がある。

これは遺伝的に同じ遺伝子を持つ一卵性双生児と，遺伝的には普通の兄弟と同じである二卵性双生児とを比較する方法である。一卵性双生児と二卵性双生児とを比較すると，一卵性双生児のほうが身長や体重，相貌などの多くの点で類似していることが知られている。さらに，このような外見的な特徴ばかりではなくて，外向性や刺激感受性，神経症傾向，心的活動性などの性格傾向（気質）も一卵性双生児のほうがよく似ていると報告されており，性格形成には遺伝的な要因が関与していると考えられている。

　生まれたばかりの子どもにもはっきりと認められる個人差として，苛立ちやすさや怒りっぽさなどの「情緒性」，動きのテンポなどの「活動性」，一人でいるよりも仲間といるほうを好む傾向の「社会性」の3つのカテゴリーが確認されている[1]。確かにわれわれの行動傾向は生後すぐに気質として現れ，それは遺伝的な影響を大きく受けていると考えられるが，成人してからの行動傾向すべてが遺伝によって規定されるわけではない。子どもの気質を縦断的に研究した研究では，新生児の頃の気質と成人してからの気質が必ずしも一致しているわけではないことが明らかにされている。したがって生まれ持った特徴だけでは性格は形成されず，親の養育態度や学校での経験などの後天的な要因も性格形成に大きく関与しているのである。

2節　性格の理論

1　類型論

　一人ひとりの異なる個性をどのようにとらえるかという問題は古代ローマ時代から関心が持たれ，性格を特定のタイプとして分類する試みがなされてきた。古代ギリシアでは身体を構成する体液には血液・粘液・黒胆汁・黄胆汁の4種類があると考えられており，この体液説に基づいて2世紀に古代ローマの医師ガレノス（Galenus, K.）が四気質説を提唱した。この説では性格の違いはどの体液が優勢であるかによって決まり，体液の優劣から多血質（快活で移り気），粘液質（冷静沈着で勤勉），黒胆汁質（悲観的で苦労性），黄胆汁質（せっかちで短気）の4つの気質に分類することができるとされた。

　ガレノスの四気質説のように，性格を特定のタイプに分類する考え方を性格

の類型論という。身体や体質の特徴から性格を類型しようとする試みは，20世紀になってもドイツの精神科医のクレッチマー（Kretschmer, E.）に引き継がれた。クレッチマーは，精神病者の病前性格と体格に関連があると考え，独自の類型論を展開した。クレッチマーによると統合失調症の患者には細長型の体格が多く，躁うつ病者には肥満型が，てんかんの患者には闘士型の体格が多い。そして，これらの患者は病前に特徴的な性格傾向をもっており，体格と性格（気質）との関連性は健常者にも当てはまると考えた。クレッチマーが提唱した性格類型は，分裂気質，循環気質（躁うつ気質），粘着気質（てんかん気質）の3つである。分裂気質は自閉性，過敏性，鈍感さを特徴とし，循環気質は同調性，躁状態，うつ状態を，粘着気質は固執性，粘着状態，爆発状態を特徴とする。

　クレッチマーの類型論は体格と気質との関連から性格の類型を試みたものであるが，ユング（Jung, C. G.）は，人間の心理的な機能の観点から性格の類型を試みた。ユングによれば，人の性格は心的エネルギーが自己の内面に向かうタイプ（内向性）と外界に向かうタイプ（外向性）とがある。このエネルギーが向かう方向性のことを向性という。さらにユングは，心には4つの機能（思考，感情，感覚，直観）があると考えて，これらと向性（外向性と内向性）との組み合わせから，性格を内向性思考型や外向性感情型などの8つの型に類型できると考えた。

　そのほかの類型論には，人間の価値観や生活様式を6つ（理論型，経済型，審美型，宗教型，権力型，社会型）に分類したシュプランガー（Spranger, E.）の類型論などが有名である。

2　特性論

　性格の特性論とは，性格を「外向性」「活動性」などの複数の基本的単位（特性）に分け，これらの特性を量的に測定することで，個人の性格を量的な側面から把握しようとする試みである。性格の特性論に関する最初の試みはオルポートによってなされた。オルポートはウエブスターの辞書にある性格を表現する言葉を4504語にまとめ，その中から14の共通特性を抽出した。その後，キャッテル（Cattelle, J. M.）は統計手法である因子分析を用いて性格特性に16の因子を，アイゼンク（Eysenck, H.）は3つの因子を抽出した。

特性論では，研究者によって抽出される因子の数が異なっていることなど，方法論上に大きな問題があった。こういった問題を克服する試みとして，近年では5因子モデル（Five Factor Model; FFM）が注目されている。このモデルでは，性格特性はビッグファイブとよばれる5つの特性で説明できると考えられている。この5特性とは，神経症傾向，外向性，開放性，調和性，誠実性の5つである[2]。これらの5特性は欧米だけでなく日本や他の文化圏でも確認されている。そして5つの性格特性を想定することによって，性格特性の因子数が必要最低限に絞り込まれるようになり，個人の性格の全体像をとらえることが容易になったと考えることもできる。

3　類型論と特性論の問題点

　類型論では典型的な性格像が想定されているために，特定の人物のイメージ（性格）を容易に他者に伝えることができる。たとえば「Aさんは分裂気質だ」と言われると，われわれは瞬時にしてAさんがどのような人物であるかを想像することができるであろう。しかし，個人を特定の性格類型の枠組みの中に入れてしまうと，その類型に特徴的な行動パターンだけが目に入ってしまい，類型に当てはまらない行動は無視されてしまう。Aさんの場合だと，彼の行動の中でも分裂気質の特徴である非社交的で気難しい側面ばかりが注目されて，分裂気質の特徴にはそぐわない面倒見のよさやユーモラスな側面は度外視されてしまうのである。このように，性格を類型化してしまうことで先入観が形成され，そのために先入観に合致する情報だけが注目されてそれ以外の情報が選択されなくなる（確証バイアス）危険が生じる。

　特性論は性格を客観的で量的に把握して表現することに優れているが，性格の全体像を掴むことが難しい。「Bさんは神経症傾向と外向性は普通で，開放性と協調性が高く，誠実性が低い人物である」と言われても，その人がどのような人物であるのかを想像するのは困難であろう。さらに特性論では，性格特性がどんな状況でも一貫しており，不変の行動形式として現れることが前提とされている。つまり内向的な人はどのような状況でも内向的に振舞うものだと想定されている。この前提に対してミッシェル（Mischel, W.）は，人の行動は性格特性よりも，そのときの状況によって決まると主張し，それはやがて「人－

状況論争」とよばれる論争にまで発展した。この論争によって性格という概念がより厳密に検討されるようになり，特性論に対する批判のもとに性格の5因子モデルが考えだされるようになったのである。そして現在では，性格特性と状況を区分して考えるのではなくて，人の行動は性格特性と状況との相互作用によって決定されると考えられるようになっている。

3節　性格検査

1　性格検査とは

　個人の性格を理解するためには，面接を行ったり，本人の日記や評判を調べたりすることも有用ではあるが，性格を客観的に判断するには性格検査を実施することが有効であると考えられている。性格検査とは，一定の手続きに従った心理的課題や作業を用いて，被検査者の反応傾向や反応内容を調べ，それを一定の基準と照合することなどによって個人の性格特性を理解し把握するための心理学的な検査である。性格検査は，人格検査や性格テスト，パーソナリティ検査などとよばれることもある。性格検査のほかに，知能検査，発達検査，言語発達検査，職業興味・適性検査，社会生活能力検査などを総称して心理検査とよぶ。したがって性格検査は心理検査の一種である。今までにさまざまな性格検査が開発されているが，検査の回答形式からみると性格検査を質問紙法，作業検査法，投影法の3種類に大別することができる。

2　質問紙法

　質問紙法とは，性格に関する質問項目が並べられた紙や冊子を用いて，被検査者の回答傾向から個人の性格を調べる方法である。具体的には，「あなたは人前に出ることが好きですか」や「大勢の人と知り合いになりたいですか」などの質問に対して，「はい」「どちらでもない」「いいえ」などの選択肢が提示される。そして，これらの質問で「はい」を選ぶ傾向が強ければ，その人は社交的な傾向が強い性格であると判断される。

　質問紙法は実施方法も回答方法も簡便で，効率的に多人数のデータを集めることができる。しかも検査自体の客観性・信頼性・妥当性を統計学的に検証す

ることが可能である。得られた回答から被検査者の性格を判断する際には，統計学的な裏づけがなされているために検査者の主観的な判断が混入する危険も少ない。しかし，被検査者にとっては検査の意図がわかりやすいので，被検査者が自分をよくみせようとする社会的望ましさに即した回答や，無意識的な防衛による回答の歪曲などさまざまな反応の歪みが入りやすい。そのために質問紙検査の中には，被検査者による回答の歪みをチェックするために虚偽尺度が用意されている場合もある。

質問紙法による代表的な性格検査としては，矢田部・ギルフォード性格検査（YG性格検査）やミネソタ多面人格目録（MMPI），モーズレイ性格検査（MPI）などがよく利用される。この章の演習にはエゴグラムによる性格検査を用意したので，質問紙法による性格検査を実際に体験してみてほしい。

3 作業検査法

作業検査法とは，被検査者に一定の課題を与えて，その作業成績や作業量，作業内容，作業プロセスなどから性格傾向を調べようとする方法である。作業検査法にはブルドン抹消検査やベンダー・ゲシュタルト・テストなどがあるが，わが国では内田クレペリン精神検査が最もよく知られている。

内田クレペリン精神検査は，ドイツの精神医学者クレペリン（Kraepelin, E.）が精神障害者の作業研究のために考案した連続加算法をヒントにして，内田勇三郎が性格検査のために独自に開発した性格検査である。この検査ではひと桁の数字が無作為に横に並べられており，被検査者は隣り合った数字をそれぞれ加算していくことが求められる。そのときに「できるだけ速く，たくさんの作業をするように」と教示される。1分ごとに行を変えながら，前半15分，休憩5分，後半15分の加算作業を行う。1分ごとの作業量から作業曲線が得られるので，この作業曲線のパターンや作業量，誤数，練習効果，疲労などの諸要因を手がかりにして，注意力や持続力，精神活動のテンポ，知的能力，処理能力，積極性，意志や緊張の強さなどの性格傾向が測定される。

作業検査法では，質問紙法による性格検査とは違って，被検査者による回答の意図的な操作が行われることが少ないと考えられている。わが国では内田クレペリン精神検査が職業適性検査として就職試験に利用されることもある。し

かし，内田クレペリン精神検査の理想的な作業曲線のパターンは広く知られており，就職試験対策用のマニュアル本なども販売されている。したがって理想的な曲線をつくるように意図的な操作を行うことは不可能なことではないと言える。

4 投影法

投影法とは，曖昧な刺激を提示して被検査者に自由な反応を求め，被検査者の刺激に対する反応から無意識的な葛藤や願望，動機づけ，現実適応力，衝動の統制力，自我の病態水準などを明らかにするための性格検査法である。投影法で使用される刺激は曖昧で多義的であり，被検査者に求められる反応は極めて自由度が高いために，質問紙法とは違い意図的に反応を歪めることは難しい。しかも投影法では，性格の表層レベルだけではなく無意識的な深層レベルまで幅広く把握することができると考えられている。

しかし投影法では検査に習熟するまでに時間がかかり，誰もが簡単に検査を実施できるわけではない。投影法の最大の問題点としては，検査の結果を解釈する際に検査者の直観や洞察に依存することである。すなわち検査結果は検査者の主観に影響されるので，信頼性と妥当性を著しく欠いているという批判もある[3]。代表的な投影法としては，ロールシャッハ・テストや主題統覚検査（TAT），文章完成法テスト（SCT），バウムテスト，家屋－樹木－人物画テスト（HTP）などが知られている。

ロールシャッハ・テストは，スイスの精神科医ロールシャッハ（Rorschach, H.）が開発した性格検査で，インクのしみの模様がついた10枚の図版が使用される。被検査者はこれらの図版を提示されて，どこに何をどのように見ているかが問われ，被検査者の知覚と体験過程の分析から無意識レベルの性格的な特徴を明らかにすることが試みられる。TATは1935年にマレー（Murray, H. A.）とモルガン（Morgan, C. D.）が発表した性格検査法で，20枚の図版を使用して被検査者に図版の絵から連想される物語を創らせる。被検査者の語る物語は個人の心理的な葛藤が反映されやすいと考えられており，物語を力動的な性格理論の立場から分析することで被検査者の直面している問題やコンプレックス，欲求などが理解されると想定されている。

SCTでは「子どもの頃，私は」や「私の希望は」などの文章が提示され，被検査者はその後に続く文章を書き足すように求められる。そして，被検査者が作成した種々の文章から，被検査者の自己像や家族関係，対人関係，社会生活，興味・関心，知的活動などの諸側面が浮き彫りになり，個人の心理的・社会的状況を幅広く把握することができると考えられている。バウムテストやHTPは描画法の一種である。バウムテストでは1本の実のなる木を描くことが求められ，HTPでは家と木と人を描くことが課せられる。描画法は10分程度の短時間で手軽に行われ，被検査者の年齢や知的能力による制限が少ないので心理臨床の現場で広く活用されている。

4節　血液型性格関連説と現代社会

1　血液型性格関連説が流行する理由

血液型性格関連説とは，ABO式血液型と性格との間に一定の関係があるとする考え方である。この仮説は，血液型性格判断，血液型人間学，血液型占いなどとよばれることもある。現在の血液型性格関連説の原型は，1927年に古川竹二が『心理学研究』誌に発表した「血液型による気質の研究」まで遡ることができる。古川の学説は大きな反響をよんで300もの追試が行われたが，最終的には学問的には妥当性がないという結論に至った。血液型性格関連説は戦前までの間に学術的には決着がついたはずなのだが，1971年に作家の能見正比古が『血液型でわかる相性』を発行して以来，この説を信奉する日本人が増えはじめ，その後，社会的ブームといえるほどの流行が何度か起きた。

学術的な裏づけが得られていないにも関わらず，血液型性格関連説を信じる人は少なくない。大村政男は，個人が血液型性格関連説を受け容れるようになるまでのプロセスをFBI効果という概念を用いて説明している[4]。FBI効果には次のようなメカニズムが想定されている。まずは①フリーサイズ効果（Freesize effect）で，それぞれの血液型に対応した性格として説明される内容が多義的であるために，誰もが自分に当てはまると判断してしまう。次は②ラベリング効果（Labeling effect）で，「B型の血液型」などのラベルを貼られると「B型だから気分屋なのだ」というように，自分や他人に対してラベルにあった側面に

注意が向きやすくなる。最後は③インプリンティング効果（Imprinting effect）で，血液型の性格判断が当たっていると実感したときに，一種の刷り込みがはたらいて血液型性格関連説を強く信じるようになるのである。

　血液型性格関連説では性格が単純な4つのタイプに分けられている。性格が4つのタイプに分けられているということが，自分や他人の性格を時間も手間もかけずに簡単に理解できる枠組みとして機能することにもつながり，血液型性格関連説が多くの人に受け容れられる一因にもなったと考えられる[5]。ガレノスの気質論は近代になって心理学が誕生するまでヨーロッパで広く受け容れられていた。この理論でも性格が4つの類型に単純化されている。性格を4つのタイプで把握することは，われわれにとって理解しやすい枠組みを提示するのである。血液型にはABO型のほかに，Rh型（2種類），HLA型（8種類），HPA型（13種類）などがあるが，2種類では物足りないであろうし，13種類ではあまりにも複雑でわかりにくいであろう。

2　血液型性格関連説の問題点

　血液型性格関連説の根拠となる説明には，古川学説を受け継いだ「伝統的説明」をはじめ，血液型による性格の違いを血液型の進化に由来すると考える「進化論的説明」，脳細胞にあるABO式血液型物質（糖鎖でできた抗原）によって脳細胞の性質が異なるとする「脳・糖鎖説」などがある。しかし，いずれの説明も科学的な実証性の欠如や論理的な飛躍があり，血液型と性格との関連を裏づけるまでには至っていない[6]。テレビ番組などで最も頻繁に紹介されるのが「伝統的説明」であるが，能見正比古・俊賢の血液型人間学について言えば第三者による検証が可能な学術論文の発表を行っていない[6]。血液型性格関連説を支持し科学的な事実であると主張するのであれば，多くの研究者による検証を受けなければならない。科学的な手続きのみを過度に強調しつつ，単に血液型と性格との関連を実証されたと断言するのであれば，これはもはや科学とはいえないのである[6]。

　血液型性格関連説の危険性は，それが少数者差別につながる可能性があることである。日本人のおおよそ血液型の分布は，A型が4割でO型が3割，B型が2割でAB型が1割である。一般に流布している血液型による性格のイメー

ジは，A 型が「まじめで几帳面」，O 型が「おおらかで社交的」，B 型が「気分屋で自分勝手」，AB 型が「二面的でよくわからない性格」といったところであろう。A 型と O 型の性格はあまり問題がないように思えるが，B 型と AB 型は明らかにネガティブなイメージが強い。血液型によって友達にいじめられるなど，血液型で不快な体験をした人のほとんどが B 型と AB 型である[5]。日本人の血液型の分布からわかるように，B 型と AB 型は A 型と O 型と比べて少数派であり，そのために偏見と差別が向けられていると考えられることができる。血液型による差別や嫌がらせを「ブラッドタイプ・ハラスメント」という。われわれは血液型でもって安易に個人の性格を決めつけることは慎まなければならない。

5 節　知能指数（IQ）から情動指数（EQ）へ

1　知能と知能指数

　性格と同様に知能も個人差を表す概念である。性格が個人特有の思考や行動傾向を表す概念であるのに対して，知能は個人の知的能力に関連した概念である。知能にはさまざまな定義が試みられているが，主な定義としては知能を①高度な抽象能力とする立場，②経験によって新たなことを学習しうる能力とする立場，③新しい環境への適応能力とする立場の 3 つに大別される。

　今日の知能検査の原型は，1905 年にフランスでビネ（Binet, A.）とシモン（Simmon, T.）によって作成された。ビネらは知能の発達の程度を表す指標として，精神年齢（MA）という概念を導入した。精神年齢は，難易度に従って配列されている問題のうち，どの年齢に相当した課題がクリアできたかによって推定される。つまり 6 歳児用の課題がクリアできれば，精神年齢が 6 歳ということになり，生活年齢に対する精神年齢の遅れが知能の遅滞の指標とされた。

　ビネの検査は各国に広まり，検査の内容もその国の文化や実情に合わせて変更された。その中でも，1916 年にアメリカでターマン（Terman, L. N.）はビネ式検査の改訂版であるスタンフォード・ビネ検査を開発した折に，ドイツの心理学者のシュテルン（Stern, W.）が提唱していた知能指数（IQ）という概念を採用した。シュテルンが考えた知能指数は，精神年齢を生活年齢で割ることに

よって算出できる。精神年齢が6歳で生活年齢が8歳の子どもであれば、式は6歳÷8歳で、知能指数は0.75ということになる（ターマン以後には、この数を100倍することで知能指数を表すようになった。この場合の知能指数は75である）。このように知能指数を求めることによって、年齢的な発達段階が異なった人たちの知能を比較することが可能になったのである。

2　知能の構造

　その後、アメリカではウェクスラー（Wechsler, D.）によるウェクスラー式知能検査や陸軍による集団式知能検査（陸軍知能検査）が作成されているが、これら知能検査の開発とは別の流れで、知能の因子に関する研究も盛んに行われていた。知能の因子研究では、知能にはどのような種類があり、知能がどのような構造をなしているのかに関心が集まった。

　ビネ式知能検査が作成されるよりも前に、すでにイギリスのスピアマン（Spearman, C. E.）は知能が一般因子と特殊因子で構成されるとする知能の二因子説を提唱していた。その後、アメリカのサーストン（Thurstone, L. L.）は、知能が言語能力の因子、語の流暢さの因子、記憶の因子、数の因子、空間の因子、知覚の因子、推理の因子の7因子で構成されるとする多因子説を提唱した。

　ギルフォード（Guilford, J. P.）は知能を情報処理の過程からとらえた立体モデルを提唱した。このモデルの大きな特徴は、知能を収束的思考によるものと拡散的思考によるものとに分けている点である。収束的思考とは、限られた正しい解答にたどりつくタイプの思考のことで、従来の知能検査で測定できるものである。一方、拡散的思考とは新しいものを創出していく創造的な思考のことで、これは知能検査で測定することはできない。

　ガードナー（Gardner, H.）は多元知能説を提唱して、知能を7種類に分類した。7種類の知能とは言語的知能、論理数学的知能、空間的知能、音楽的知能、身体運動的知能、個人内知能、対人的知能で、前半の3つは従来の知能検査で測定することが可能だが、後半の4つは不可能であるとした。とくに最後の2つの知能は円滑な人間関係を維持するためには重要で、個人内知能は自分自身の意図や感情を弁別する能力に関係し、対人的知能とは他者の意図や感情を弁別する能力に現れる。この2つの知能は情動知能 EI（Emotional Intelligence）

という形でゴールマン (Goleman, D.) によって一般に広められた。

3　EQとは

ゴールマンによれば，知能には「考える知能」と「感じる知能」とがある。前者は従来の知能の概念に対応するものであるが，後者は自他の感情に対する気づきや感情の制御に関連している[7]。EIは人生をよりよく生きるために必要な能力であるとも考えられており，それを大きく分けると①自分自身の感情に気づく能力，②自分の感情を制御する能力，③自分の動機づけを高め維持する能力，④他人の感情を認識する能力，⑤人間関係をうまく処理する能力の5つになる。

この新しい知能観はわが国ではEQ (Emotional Quotient) として紹介され，「こころの知能指数」などとよばれることもある。EQという言葉は日本独自のものである。EIを測定する尺度もいくつか作成されており，企業の採用試験などでEIの測定が用いられることもあるが，EIそのものは従来の知能検査のように課題の遂行能力という側面から厳密に測定することは困難で，性格の質問紙検査と同じ方法で測定されている。したがって，被検査者が結果を意図的に歪めることも可能で，その点については検査方法に限界があるといえる。

―――――――――〈演　習〉―――――――――

エゴグラムによる性格検査

(1) エゴグラムとは

アメリカの精神科医バーン (Berne, E) は，人間には3つの自我状態があると考えた。その3つとは親 (P)，大人 (A)，子ども (C) の自我状態である。親の自我状態とは，幼いときに父母などの養育者の養育態度や意見，思考，行動などを取り入れることによって形成されたものである。親の自我状態には批判的な親 (CP) と養育的な親 (NP) の2つの特性がある。批判的な親の特性は厳しいしつけや価値観などが内在化したもので，養育的な親は養育者の保護的・受容的・支持的な態度が反映されたものである。大人 (A) の自我状態は合理的・理性的な判断を司る機能を持ち，情報を収集し事実を客観的に分析して現実検討の役割を果たす。子どもの自我状態は人間本来の本能的な欲求と関係しており，感情や欲求の自由な表出を行う。子どもの自我状態にも2つの特性があり，それらは自由な子ども (FC) と順応した

子ども（AC）である。自由な子どもは感情表現の自由さや天真爛漫な振舞いに関係し，順応した子どもはそれとは反対に親の期待に添うように気を配り，自由な感情や本能的な欲求を抑制する特性である。

　このようにバーンは3つの自我状態（5つの特性）を想定して，これらの自我状態を測定するためにエゴグラムを考案した。さまざまな研究者がエゴグラムを開発しているが，その中でも杉浦峰康によるものが項目数も少なく簡便である[8]。項目は全部で50項目である。それをまずは試してみて欲しい。

　以下の質問に，はい（○），どちらともつかない（△），いいえ（×）で回答してください。ただし，できるだけ○か×かで回答してください。

			○	△	×
CP	1	友人や子ども，または後輩が間違いをすると，すぐにとがめますか。			
	2	あなたは規則を守ることに厳しいほうですか。			
	3	最近の世の中は，子どもを甘やかしすぎていると思いますか。			
	4	あなたは礼儀，作法にうるさいほうですか。			
	5	人のことばをさえぎって，自分の考えを主張をすることがありますか。			
	6	自分を責任感の強い人間だと思いますか。			
	7	小さな不正でも，うやむやにするのが嫌いですか。			
	8	「ダメじゃないか」「…しなくてはいけない」という言い方をよくしますか。			
	9	よい，悪いをはっきりさせないと気がすまないほうですか。			
	10	ときには子どもをスパルタ式にしつける必要があると思いますか。			
NP	11	人から道を聞かれたとき，親切に教えてあげますか。			
	12	頼られたら，たいていのことは引き受けますか。			
	13	友人や家族に何か買ってあげることが好きですか。			
	14	子どもをよくほめたり，頭をなでたりするのが好きですか。			
	15	他人の世話をするのが好きなほうですか。			
	16	他人の欠点よりも，長所を見るほうですか。			
	17	人が幸福になるのを喜べますか。			
	18	友人や子ども，または後輩の失敗に寛大ですか。			
	19	あなたは思いやりのあるほうだと思いますか。			
	20	経済的に余裕があれば交通遺児を引き取って育てたいと思いますか。			
A	21	あなたは感情的というよりも，理性的なほうですか。			
	22	何ごとも，情報を集めて冷静に判断するほうですか。			
	23	あなたは時間をうまく活用していますか。			
	24	仕事は能率的にテキパキと片づけていくほうですか。			
	25	あなたはいろいろな本をよく読むほうですか。			
	26	だれかを叱る前に，よく事情を調べますか。			

	27	ものごとは，その結果まで予測して，行動に移しますか。			
	28	何かするとき，自分にとって得か損かをよく考えますか。			
	29	からだの調子がよくないときは，自重して無理を避けますか。			
	30	何かわからないことがあると，人に相談してうまく片づけますか。			
FC	31	うれしいときや悲しいときに，顔や動作にすぐ表しますか。			
	32	あなたは人の前で歌を歌うのが好きですか。			
	33	言いたいことを遠慮なく言うことができますか。			
	34	子どもがふざけたり，はしゃいだりするのを放っておけますか。			
	35	もともと，わがままな面が強いですか。			
	36	あなたは好奇心が強いほうですか。			
	37	子どもと一緒に，ハメをはずして遊ぶことがありますか。			
	38	マンガの本や週刊誌を読んで楽しめますか。			
	39	「わあ」「すごい」「かっこいい」などの感嘆詞をよく使いますか。			
	40	遊びの雰囲気に楽に溶け込めますか。			
AC	41	あなたは遠慮がちで，消極的なほうですか。			
	42	思ったことを言えず，あとから後悔することがよくありますか。			
	43	無理をしてでも，他人からよく思われようと努めていますか。			
	44	あなたは劣等感が強いほうですか。			
	45	あまりイイ子でいるため，いつか爆発するかもしれないと思いますか。			
	46	他人の顔色を見て行動するようなところがありますか。			
	47	本当の自分の考えより，親や人の言うことに影響されやすいほうですか。			
	48	人からどう評価されるか，とても気にするほうですか。			
	49	イヤなことをイヤと言わずに，抑えてしまうことが多いほうですか。			
	50	内心では不安だが，表面では満足しているように振舞いますか。			

●この表に点数を書き込んでください。

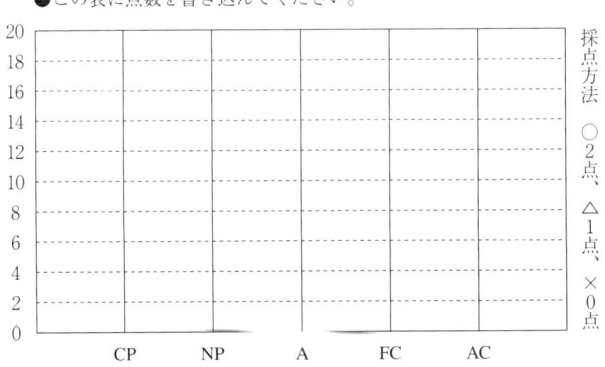

採点方法　○2点，△1点，×0点

	CP	NP	A	FC	AC
20					
18					
16					
14					
12					
10					
8					
6					
4					
2					
0					

（2）エゴグラムの解釈

　エゴグラムの解釈をする場合にはいちばん高い箇所に注目する。つまり，どの自我特性が優位であるのかをみるのである。CPがいちばん高いCP優位タイプは，理想や責任感が強いのが特徴である。真面目でしっかりしている反面，権威的で支配的な側面がある。NPが高いNP優位タイプは，思いやりの気持ちが強く，他者受容的で親切である。しかし，過度に干渉的である場合もあり，相手の自立心を損なう場合があるので注意する必要がある。A優位タイプは非常に理性的・合理的で冷静沈着な精神を持っているが，マイナス面として打算的・機械的，冷徹なところが指摘される。FC優位タイプは，好奇心が強く天真爛漫で活発な性格である。しかし，マイナス面としては，自己中心的であることや欲望に抑制がきかないことなどがあげられる。AC優位タイプは，従順，慎重，協調性の高さなどが長所である。しかし，依存心が強いことや自己主張が苦手なことなどが短所でもある。

　その他，エゴグラムの各特性の相互のバランスからもさまざまな解釈が可能である。関心のある人は章末の参考文献にあたってほしい。エゴグラムは性格や対人行動パターンの改善にヒントを与えてくれる。よりよい人間関係を築くためには，高い箇所を縮めるのではなくて低い箇所を伸ばすのがよいとされている。たとえばFCが低い場合には，FCを高めるために，自分が感じたことを率直に表現するように心がけるとよいだろう。自分自身の低い特性を伸ばすように注意してみるだけでも，対人行動パターンが変わってくるはずである。

引用・参考文献

1）戸田まり・サトウタツヤ・伊藤美奈子　グラフィック性格心理学　サイエンス社　2005
2）McCrae, R. R. & Costa, P. T., Jr. *Validation of the five-factor model of personality across instruments and observers*. Journal of Personality and Social Psychology, 52, 81-90. 1987
3）村上宣寛　「心理テスト」はウソでした。─受けたみんなが馬鹿を見た─　日経BP社　2005
4）大村政男　新訂 血液型と性格　福村出版　1998
5）サトウタツヤ・渡邊芳之　「モード性格」論─心理学のかしこい使い方─　紀伊國屋書店　2005
6）上村晃弘・サトウタツヤ　疑似性格理論としての血液型性格関連説の多様性　パーソナリティ研究, 15(1), 33-47. 2006
7）ゴールマン, D.　土屋京子（訳）　EQ こころの知能指数　講談社　1996
8）杉田峰康　講座サイコセラピー8　交流分析　日本文化科学社　1985

第5章　発達と認知の心理

トピック

　本章では，いくつかの発達理論についてみていく。その中でわれわれがどのように社会や他者と関わりあっていくのかということや人間の知的な側面がどのように発達をしていくのかということを学んでいく。

　さて，発達理論を学ぶことにはどのような意義があるのだろうか。発達の理論を学ぶことで，ありふれた経験や出来事の中に発達上の意義を見出すことができる。また，理論でとり上げられた発達の諸側面がなぜ人間の発達にとって重要であるのかを理解することで人間をより深いレベルで知り，そのことはより深い人間関係を得ることにつながるであろう。そして，誕生から死に至る発達過程をみることは幅広い年齢層にわたる人間関係を築くのに役立つと思われる。

　エリクソンは，われわれが青年期に抱く「自分とは何者か」という問いかけをアイデンティティという概念で表した。これはエリクソンが養子であったことやユダヤ人であったことなど，自身の生い立ちから発せられた問いによって導かれたものと考えられている。また，彼が提起したモラトリアムという概念もまた，学校教育を18歳以降受けておらず，28歳までの長い放浪生活を送り芸術制作者をめざし過ごしたという体験が背景にあるとされる。

　本章で発達理論を学ぶことが，もう一度自分の発達を見つめ直す契機となって，さらに円滑な他者との交流に資することとなろう。

キー・ワード

ライフサイクル，心理社会的危機，アイデンティティ，愛着，ボウルビィ，内的作業モデル，ピアジェの認知発達，心の理論

1節　エリクソンの心理社会的発達

1　エリクソンの心理社会的発達理論

　エリクソン（Erikson, E.H.）の心理社会的発達理論は，従来の理論が幼児期から思春期にかけての発達を相対的に重視したのに対し，人間の誕生から死に至るまでのすべての発達段階を含むライフサイクルに注目する。ライフサイクルは乳児期から老年期まで8つの段階に分けられ，人間はそれぞれの段階で解決すべき心理社会的課題を抱え，新たな発達的資質を獲得しながら生涯にわたり発達を遂げていくとされる。この理論は，フロイト（Freud, S.）の心理＝性的発達理論を基盤としながら，対人関係や社会的義務・責任などの社会的側面の影響が重視されている。

　人生のそれぞれの発達段階に固有の心理社会的葛藤とは，図5－1の対角線に示され，各段階に固有の拮抗する2つの要素が対立する葛藤状態である。これらの葛藤は，心理－社会的危機とよばれる。しかし，危機とはいうものの，実質的には発達の分岐点であり，こういった危機を乗り越えて，プラスのほうの概念がマイナスのほうの概念を相対的に上回ることで，健全な人格の発達が達成される。ここで，マイナスの概念もまた発達にとっては不可欠であり，それをまったくなくすことが望ましいわけではない。また，解決されなかった課題は次の段階まで持ち越されるが，その後の発達に障害が持ち込まれることにもなる。8つの段階では，先の段階で形成されたものに順次，次の段階が積み重なり築き上げられていく。次に，エリクソンの理論に基づく人格の発達過程をみていく。

　(a)乳児期（0～1歳ごろ）：基本的信頼　対　基本的不信

　　母親の適切な関わりから，乳児は母親を信頼するとともに，自己を信頼できるものとする。母親が不適切な関わりをもつと，周りの人を信頼に足るものととらえられず，「不信」の感覚が生じる。「信頼」と「不信」の望ましい均衡関係から，人生のさまざまな苦難に打ち勝つ「希望」という人格的な活力が生まれる。

VIII	老年期							統合 対 絶望,嫌悪
VII	成人期						生殖性 対 停滞	
VI	前成人期					親密 対 孤立		
V	青年期				同一性 対 同一性混乱 忠誠			
IV	学童期			勤勉性 対 劣等感 適格				
III	遊戯期		自発性 対 罪悪感 目的					
II	幼児期 初期	自律性 対 恥・疑惑 意志						
I	乳児期	基本的信頼 対 基本的不信 希望						

図 5 − 1　エリクソンの発達図式（Erikson, 1982）

(b)幼児期初期（1～3歳ごろ）：自律性　対　恥・疑惑

　　幼児の活動範囲は広がり，自己主張も強くなるのに対し，親は社会で要求される基本的な生活習慣を身につけさせようとする。親のしつけのあり方が，子どもが自分で自分の行動を統制していると感じることができるような自律性を尊重するようなものであれば，「意志力」が生じ「自律性」が発達する。親のしつけがあまりに厳しすぎると，「恥」や「疑惑」といった感覚を生じさせる。

(c)遊戯期（4～6歳ごろ）：自発性　対　罪悪感

　　外界への働きかけが活発になり，対象に果敢に取り組んでいく。その自発性によって嫉妬や競争が生じるが，それに敗れると諦めや罪悪感，不安が生じる。

(d)学童期（7 -12歳ごろ）：勤勉性　対　劣等感

　　就学し，社会が必要とするさまざまな知識や技能を学んでいく時期であ

る。自分の得意分野を見つけたり，何かに取り組み努力することで物事を達成する喜びを得たり，自分への有能感が高まり，「勤勉性」が育っていく。一方，失敗が重なると何かを頑張ってやり抜こうという気持ちが育たず，劣等感が生じる。

(e) 青年期（13～22歳ごろ）：同一性　対　同一性混乱

　　思春期とともに学童期は終わり，青年期が始まる。この時期，自分の性格や対人関係で悩んだり，将来のめざす道を模索したりする。改めて自分というものを客観的に見定め，周りからつくられた自分ではなく，本当の自分らしさを発見し，それを他者にも認めてもらう手続きが必要とされる。「自分とは何か」という問いに対し，社会との関連において自己のふさわしい位置を定め，「自分らしさ」とはこういうことだ，という明確な回答を発見することを，アイデンティティの確立という。ここで失敗してしまうと「本当の自分がみつからない」といった状態に陥り，これをアイデンティティの拡散と呼ぶ。青年期には，進路や将来の職業など，人生で重要な決定がせまられるが，社会的な責任や義務に縛られずに，様々な経験を経て将来の自分について真剣に考えることが社会から許される。エリクソンは，この猶予された期間をモラトリアムとよんだ。

(f) 前成人期（22～30歳ごろ）：親密　対　孤立

　　青年期にモラトリアムを経験し自我同一性が確立されると，次は納得のいく仕事に従事し，結婚などの重大な決定がなされる時期である。「親密性」を獲得することで，より開かれた豊かな対人関係を築くことができるが，自我同一性がゆらいでいる場合には，他者と対等な人間関係をつくれず孤立感をもつ。

(g) 成人期（30～65歳ごろ）：生殖性　対　停滞

　　職場で部下の指導が求められ責任ある立場におかれたり，家庭では子育てをしたりする時期である。次の世代を育てていくという「生殖性」が課題とされるが，この達成に失敗すると，自己中心的となり，停滞感をもつことになる。

(h) 老年期（65歳～）：統合　対　絶望，嫌悪

　　自分の人生を振り返り，成功，失敗も含めたこれまでの経験をすべて受

け容れられるかどうかが課題とされる。さまざまな出来事は自分の人生に意味があると肯定的に受容できたとき，統合性が獲得される。統合性に欠く場合は後悔や挫折感を抱くことになり，絶望感や嫌悪感が生じる。

2 マーシャの自我同一性地位

青年期の重要な発達課題であるアイデンティティの概念について，マーシャ（Marcia, 1966）は実証的に検討し，危機（crisis）と傾倒（commitment）の有無によって自我同一性達成の程度を4つに分類した。危機の経験の有無とは，社会の中で自分というものをどのように位置づけていったらよいか決定するために，そのいくつかの可能性について模索したかどうかである。傾倒の有無とは，自分の信念を明らかにし，それに基づいて職業，政治，宗教に関係した活動をどれだけ積極的にしているかである。これら2つの次元を組み合わせ表5－1

表5－1　マーシャの自我同一性地位（川瀬・松本，1998）

自我同一性地位	危機	傾倒	概要
同一性達成 (Identity Achiever)	経験した	している	すでにいくつかの選択肢の中から自分自身で真剣に考えた末，意思決定を行いそれに基づいて行動している。適応的であり自己決定力，自己志向性がある。 環境の変化に対しても柔軟に対応でき，対人関係も安定している。
早期完了 (Foreclosure)	経験していない	している	選択肢の中で，悩んだり疑問を感じたりすることがそれ程なく，職業や生き方がすでに決定されている。親の考え方と強い不協和はない。 「硬さ」が特徴であり，一見同一性達成と同じように見えるが，この型は環境の急激な変化などのストレス下で柔軟な対応が困難となる。
モラトリアム (Moratorium)	その最中	しようとしている	現在，いくつかの選択肢の中で悩んでいるが，その解決に向けて模索している。 決定的な意思決定を行うことがまだできないために，行動にあいまいさが見られる。
同一性拡散 (Identity Diffusion) 危機前拡散	経験していない	していない	過去に自分が何者であったかあいまいであるために，現在や将来の自分を想像することが困難である。 自己選択における積極的な関与がみられない。
同一性拡散 (Identity Diffusion) 危機後拡散	経験した	していない	「積極的に関与しないことに積極的に関与している」タイプである。 すべてのことが可能だし，可能なままにしておかねばならないという特徴を持つ。そのため，確固とした自己を決定することができず「あれも，これも」というまとまりのない状態になる場合もある。

のように4つの同一性地位（identity status）が決定される。

同一性地位は，同一性拡散，早期完了，モラトリアム，同一性達成の順で発達するとは限らず，1つの地位のままでいたり，他の発達順もみられる。また，職業，政治など個別の領域ごとに同一性が確立，発達するともいわれている。

2節　愛着

1　対人関係の基盤

イギリスの児童精神医学者であるボウルビィ（Bowlby, J.）は対人関係の基盤を，愛着という概念で説明した。愛着とは特定の人との密接な情緒的結びつきを求める状態をいう。乳児期初期には，乳児は養育者に限らず見知らぬ人の働きかけにも愛嬌よく反応していたのが，8カ月頃には人見知りを始める。さらに，母親以外の人が抱くと泣き叫び，母親の姿が少しの間でも見えないと不安を示すようになる。これらは，母親が乳児にとって特別な感情を引き起こす存在になったことによる。

はじめ，このような結びつきが生まれるのは，母親が空腹などの乳児の基本的欲求を満たしてくれる存在だからだと考えられていたが，現在はすでに否定されている。その根拠となった最初の事実は，刻印づけと呼ばれるカモなどの鳥類のヒナがふ化直後に目にした最初の動くものに後追い反応を示す現象の存在である。食欲を満たしてくれる相手を学習したわけではなかった。第2の根拠は，ハーロウ（Harlow, H.F.）の実験であり，ここではサルの子どもは授乳してくれる針金製の母親より接触によって快感を得られる布製の母親の模型をより好んで抱きついていた（図5－2）。これらの事実により，母親が世話をしたり，食べ物を与えてくれるから愛着が形成されるのではないとされた。愛着の形成には身体接触が

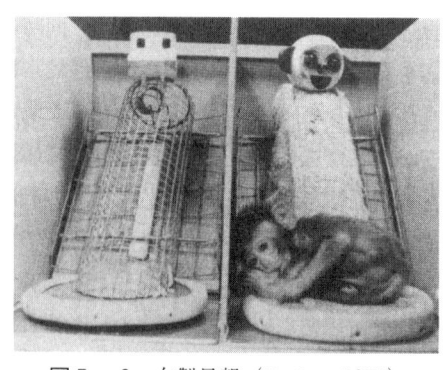

図5－2　布製母親（Harlow, 1971）

果たす役割が大きいことがわかる。愛着は，未熟な乳児が生き延びるために，特定対象との近接を保つことでその対象から保護を引き出すはたらきをする。さらに，ボウルビィは，乳児期の愛着のあり方はその後の対人関係にも形を変えながら影響を与えていくと考えた。

2　愛着の発達過程

　愛着の存在は子どもの愛着行動にみることができる。ボウルビィは愛着行動を，赤ちゃんが泣いたり微笑したりして自分の欲求を示したりする発信行動，乳児が注視したり，視線で後追いをしたりする定位行動，母親に抱きついたり，しがみついたり，後追いをしたりする能動的身体接触行動の3つに整理した。これらの愛着行動が発達する過程は4つの段階に分けられた。

　第1段階は，生後12週頃までの，人物の弁別をともなわない定位と発信の段階である。微笑したり目で追ったりする相手は特定の人物に限らない。第2段階の生後6カ月ごろまでは，1人または数人の弁別された人物に対する定位と発信の段階である。次第に愛着行動がいつも世話をしてくれる特定の人に絞られていく。第3段階の2歳ごろまでは，発信ならびに移動による弁別された人物への接近の維持である。愛着の対象は一層区別され，人見知りや愛着対象と離れることを不安がるような分離不安が生じる時期である。運動能力の発達にともない，愛着行動も母親を追う，抱きつくなど多様になっていく。また，母親を安全の基地として周りの探索行動を行うことが多くなる。第4段階は3歳前後以降で，目標修正的協調性の形成の段階である。母親の行動目標や感情を推察できるようになり，一方的なはたらきかけでなく協調性に基づいた関係が形成される基盤ができる。母親はずっとそばにいなくても何かあれば助けてくれる存在と信頼できるようになり，その表象を内在化できる。この信頼をボウルビィは内的作業モデル（IWM: internal working models）とよんだ。幼少期に形成される母親との信頼に満ちた愛着関係をもとにして，母親以外の人々との対人関係をもまた安定したものとできるようになるのである。

3　愛着の個人差

　愛着の形成には一般的な発達過程があることをみたが，愛着には個人差があ

ることが知られている。エインズワースら（Ainsworth, M.D.S. et al.）は愛着の質的な差をストレンジ・シチュエーション法という手続きで測定した。これは，図5-3のように，新奇な実験室で，1歳児を母親と分離・再会させる場面をつくり，その分離・再会時に子どもがみせた反応を観察する方法であり，そこでみられた行動パターンは3つのタイプに分類された。

Aタイプ（回避型）：分離時に泣く，不安を示すということはほとんどない。再会時には顔をそむけたりして母親を避けるような行動をとり，子どもから抱きつくことはなく，おろされても抵抗しない。親とは無関係に行動す

① 実験者が母子を室内に案内，母親は子どもを抱いて入室。実験者は母親に子どもを降ろす位置を指示して退室。(30秒)

② 母親は椅子にすわり，子どもはおもちゃで遊んでいる。（3分）

③ ストレンジャーが入室。母親とストレンジャーはそれぞれの椅子にすわる。（3分）

④ 1回目の母子分離。母親は退室。ストレンジャーは遊んでいる子どもにやや近づき，はたらきかける。（3分）

⑤ 1回目の母子再会。母親が入室。ストレンジャーは退室。（3分）

⑥ 2回目の母子分離。母親も退室。子どもはひとり残される。（3分）

⑦ ストレンジャーが入室。子どもを慰める。（3分）

⑧ 2回目の母子再会。母親が入室しストレンジャーは退室。（3分）

図5-3　エインズワースらのストレンジ・シチュエーション法（繁多, 1987）

ることが多い。
　Bタイプ（安定型）：分離時に泣くなど多少の不安を示すが，再会時には母親に抱きつくなど身体的な接触を求め，容易に落ち着く。親を安全基地として探索を積極的に行う。安定した愛着関係が築かれていると考えられる。
　Cタイプ（抵抗型）：分離時に激しく泣き強い不安を示す。再会時には身体接触を求めながらも，一方で親への怒りの感情を示し，叩くなど矛盾した感情を示す。母親のそばを離れないことが多く，行動が不安定である。
　また，これらに加えてDタイプ（無秩序型）も報告されている。静かにしていたのに突然泣き出したり，母親に接近したかと思うと回避したり，突然おびえた様子を見せたりと，矛盾し，混乱した行動を示す。両親から虐待を受けていたり，養育者の抑うつ傾向が高かったりするなどの可能性が考えられている。

4　愛着の個人差をもたらすもの

　愛着にみられる個人差はどのような要因によって生じるのであろうか。これには養育者（以下では，主たる養育者を母親だとする）の養育態度や子どもの気質，文化的な要因が関係するとされている。
　① 養育態度
　　愛着の質を決定する要因には，子どもから発せられた信号に母親がどれくらい敏感に応答するかが考えられる。エインズワースは日常の母子のやりとりを観察し，各タイプにおける子どもの欲求への母親の応答の特徴をまとめた。
　　Aタイプの子の母親は子どもからのはたらきかけに拒否的に応答し，子どもの行動を統制しようとすることが多い。その結果，子どもは積極的に愛着行動を示すことがなく，一定の距離を保つために母親を避けるような行動をとる。
　　Bタイプの母親は子どもの欲求に敏感に応答を合わせ，はたらきかけに適切に接する。子どもとのやりとりも調和的であり，子どもは安定した愛着行動をとる。
　　Cタイプの母親は子どもからの信号に応ずるより，母親自身の気分や都合に合わせた対応が多く，応答が一貫せず，子は母親の反応の予測がつき

② 子どもの気質

　愛着の形成に養育者側の要因があることをみたが、子どもの側の要因、つまり、扱いやすい、気難しいなど、子ども自身の生まれつきの気質の違いによっても影響を受けると考えられている。したがって、愛着のあり方は母親との関係だけで説明されるものではなく、養育者の応答性と子どもの気質の両者の相互作用により形成されると考えられる。

③ 文化的な影響

　子どもの愛着にみられた3つのタイプの割合は、日本ではCタイプが多いのに対し、欧米ではAタイプが多くみられるなど、文化圏によって差がみられることも報告されている。これには、文化による子育てのスタイルの違いが影響するとも考えられ、愛着の形成に文化的な影響がある可能性が指摘されている。

5　親子関係から対人関係へ

　ボウルビィは内的作業モデルによってその後の対人関係は影響を受けると考えた。最初に築かれた母子関係が信頼に満ち安定したものであれば、それをもとに父子関係や家族内の人間関係、仲間関係を良好に発展させていく可能性が高くなる。子どもは自らの感情や行動を制御し他者とかかわるようになり、仲間に対しても肯定的で調和的な関係を築きやすい。一方、健全な愛着が築けていない子どもは、仲間に対し否定的で不安定な態度をとりやすいとされる。

　子どもは親以外との人間関係を築いていく際に、自分の持っているモデルをもとに予測をたて他者と関わっていく。Bタイプの子どもは肯定的で安定したモデルを持ち、他人に不安や恐れを示すことが少なく、仲間との関係を円滑にする。一方で、Aタイプは拒否されるというモデルを持ち、他人に対しても否定的で、攻撃的な行動になることが多く、仲間から拒否され、孤立しやすい。また、Cタイプは、自分はいつ嫌われるかわからないモデルを持ち、受動的で従属的な態度をとりやすく、他の子どもから無視や攻撃の対象となりやすい。

　さらに、愛着関係が安定した子どもは、思春期に性別にかかわらず人間関係を築けるなど、より社会性があることも報告されているが、幼少期の親子の愛

着関係とその後の仲間関係のあり方は別の要因で決定されるという考えもある。

6 青年期・成人期における愛着

ボウルビィの内的作業モデルの考えから，青年や成人の愛着の質を扱った愛着研究が注目されるようになった。成人の内的作業モデルの質は，幼少期の経験や感情を思い起こさせるように構成された成人愛着面接の手続きで，4つに分類される。自律型は，自分の過去の愛着関係に価値をおき，対人関係も安定している。愛着軽視型は，自分の過去の愛着関係の重要性を低く評価し，親や他者との親密な関係を潜在的に回避しようとする。とらわれ型は，自分の過去の愛着関係に深くとらわれており，対人関係は不安定になりがちである。未解決型は，愛着対象の喪失や虐待などの経験を心理的に解決できていない。順に乳幼児期のBタイプ，Aタイプ，Cタイプ，Dタイプに相当するとされる。

3節 ピアジェの認知発達

1 ピアジェの認知発達理論

ピアジェ（Piaget, J.）は認知発達のプロセスをシェマ（schema），同化（assimilation），調節（accomodation），均衡化（equilibration）といった概念で説明した。そして，認知発達を子どもが外界を認識する枠組みであるシェマを環境との相互作用の中で環境に合わせて変化させていく過程と考えた。子どもがある事柄を理解しようとするとき，その事柄を自分がすでに持っている認知構造で解決できるかどうかまず当てはめ，これがうまくいかなかったときは持っている認知構造を変えて解決していく。この過程で，環境と繰り返しかかわる中で獲得される認識の枠組みをシェマという。既存のシェマに環境を当てはめてそれを取り込むはたらきを同化という。外界をそのままで同化することができないときに，既存のシェマ自体を変更し，自分を環境に合わせて変えるはたらきは調節という。ピアジェはシェマの同化と調節を繰り返して均衡化する過程を通して認知発達が進むと考えた。ピアジェは認知発達を以下のような4つの主要な段階に分けており，認識や思考は1つ下の段階にいる子どもと上の段階に達している子どもでは質的に異なったものとなる。

① 感覚-運動期

　誕生から2歳ごろまでは感覚-運動期（sensori-motor period）とよばれ，生得的ないくつかの反射的な行動（把握反射や吸啜反射）を基礎にして，環境と接触し新しいより適切で効果的な適応的行動を発達させていく。

　ピアジェは8カ月の乳児では目の前のおもちゃに布をかぶせると探そうとせず，そのおもちゃはそれ以前には存在していないかのような行動をとることを実験で示した。この時期の子どもは，対象物は見えなくなったとしてもこの世界に存在し続けるという認識である「対象の永続性」の概念が理解できていないとされた。つまり，感覚と運動は言語や表象を介さずに直接に結びついている。1歳前後になると，布やつい立てで隠されたおもちゃを探すようになる。また，この時期の終わりごろには少しずつ言葉が出始めるが，言語は目の前にないものをイメージさせるため，高次の表象機能の獲得に重要な役割を果たす。

② 前操作期

　2歳ごろから7歳ごろまでを前操作期（preoperational period）とよぶ。目の前にない事柄を頭の中で思い描くのを表象というが，この時期にはことばが獲得され，表象活動により「いま，ここ」の場を越えてものをとらえることが可能になる。2歳前後からみられる「ごっこ遊び」などでは，目の前の事物を別の事物で表す象徴機能が存在することが示される。

　前操作的思考は視覚的な印象に左右されるとピアジェは考えた。6歳から7歳未満の子どもは，等間隔に並んだ2列の同数のビーズで，一方の列のビーズの間隔をひろげ並べ替えると，ひろがった列のビーズ玉の数が多いと判断する（図5-4）。物の量はその見かけなどの非本質的な性質が変化したとしても，液体量や重さ，数といった本質的な性質は変化しない

| 子どもは2列のビーズを見て各々の列は同じ数あると同意する。 | ビーズの一方の列をのばす。 | 保存を理解できる子どもは，それぞれの列のビーズの数が，まだ同じであると理解している（平均6～7歳）。 |

図5-4　数の保存課題（Schaffer, 1985／ゴスワミ，2003から一部抜粋）

ことを保存性というが，前操作期の子どもは保存の概念をまだ獲得していないとされた。ピアジェは，これはビーズを動かす前の状態にもどって並べ替えるという行為を頭の中で再現し，逆方向に行うイメージをする操作（operation）の可逆性の理解ができないからとした。ここで操作とは「行為が表象として内化されたもの」と定義される。たとえば，たし算の理解では，子どもは実際に指でさすことからはじめ，指を折って数えるようになり，具体的操作期になれば，実際に数えなくても頭の中で内的なイメージなどを使って暗算が可能になる。ここで，ものをたすというという行為は表象として内化されている。前操作期とは，操作がまだできない時期である。

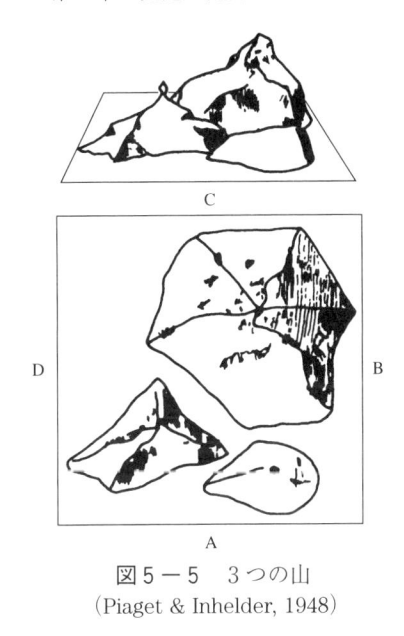

図5－5　3つの山
（Piaget & Inhelder, 1948）

　また，ピアジェはこの時期の子どもは他者の視点を理解することがむずかしく，他者も自分と同じようにものごとを知覚していることを図5－5にある「3つ山問題」を用いて示した。4歳から6歳では，3つの山の模型における他のどの位置からの見え方も自分の位置からの見え方と同じと判断した。ピアジェは，これを自己中心性と呼び前操作期の子どもの特徴とした。

③　具体的操作期

　7, 8歳ごろから11歳ごろまでを具体的操作期（concrete operation）とよぶ。さまざまな保存性の操作が理解でき，それ以外の論理的操作も可能になる。数の保存では，「取ったり増やしたりしていない」ことを理由に「どちらも同じ」と論理に基づき答えられる。しかし，論理的な思考は具体物や直接イメージできるものに限定され，思考対象が抽象的な場合には困難をみせる。

④　形式的操作期

　　11, 12歳ごろから14, 15歳ごろまでを形式的操作期（formal operation）とよぶ。形式的操作期の思考では形式と内容とを分けて，事実を越えて可能性の問題について論議したり，仮説を立ててそれが正しいかどうか検証したりできる。振り子の周期を決定する要因を発見するのを課題とした実験では，子どもはひもの長さと重りの重さを組み合せるなどさまざまに試みる。形式的操作期段階以前の子どもでは，得てしていちどに複数の要因を変化させてしまうが，形式的操作期の子どもは，他の要因を一定に保ったもとで，ある1つの要因のみを変化させ系統的に仮説を検証することができる。形式的操作が可能となることで，数学で記号を用いた問題も解けるようになる。

2　ピアジェの認知理論の問題

　　ピアジェの認知発達理論は発達をとらえる際のよりどころとされるが，一方で幼い子どもの能力を過小評価しているという批判もなされている。たとえば，ベイラージョン（Baillargeon, R.）は対象の永続性の理解に関しては，ピアジェの臨床的観察結果よりも早くに理解がなされていることを示している。乳児はつい立てが180度の回転と反転を繰り返す事象を注意が向かなくなるまで見せられた（図5-6）。その後，つい立てが90度まで動くと乳児からは見えなくなる位置に箱が置かれ，物理的に可能な事象と不可能な事象が見せられた。

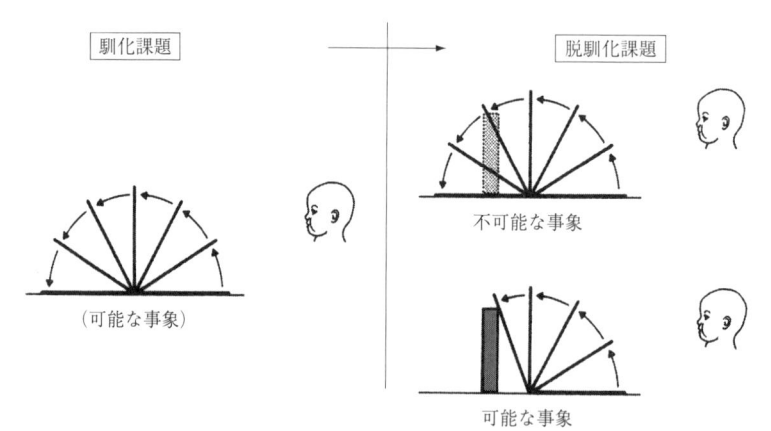

図5-6　対象の永続性の実験（Baillargeon, 1987）

可能な事象ではつい立てが後ろの箱にぶつかるところで乳児のほうに反転し戻ってくるが，不可能な事象ではつい立ては箱の存在にかかわらずそのまま180度回転し反転する。180度の回転と反転は既に注意が向かなくなるまで繰り返しみているので，乳児に対象の永続性がなければ途中でつい立てが戻ってくる可能な事象のほうを注視するはずである。結果は3, 4カ月の乳児でも不可能な事象のほうにより強く興味を示し，乳児はつい立てで箱が見えなくなってもそこに箱が存在していることを知っていることが示唆された。

さらに，ピアジェの設定した課題状況は抽象的すぎて子どもの日常的な経験と結びつかないことや，「3つの山問題」における山の重なり具合は見る場所でわずかに異なってくるなど，課題で子どもに要求される能力が高度すぎるなどの批判がなされている。

4節　心の理論——ピアジェの認知発達理論以降——

1　心の理論とは

人間に限らずそれ以外の動物が他者の目的，意図，信念，思考などの心の状態を理解したり推測したりするはたらきを心の理論(theory of mind)とよぶ。

チンパンジーが人間の心の状態を理解できるかどうかみたのをはじまりとして，乳幼児の心の理論や自閉症児の心の理論についての研究がなされてきた。幼児が他者の心を理解する課題には図5－7のような誤信念課題がある。サリーとアンの課題では，子どもは他者（サリー）の誤った信念をどれだけ正しく推測できるかが調べ

図5－7　サリーとアンの課題（Frith, 1989）

られた。誤信念（false belief）とは，現実とは異なっている状況を誤ったままで信じている状態である。実験では，ビー玉が移し替えられたのを知らないサリーがビー玉はカゴの中にあると信じ込んでいる心の状態ということになる。この課題は，4歳ごろまでに正しく答えることができるようになるとされている。

2　自閉症児の心の理論

バロン・コーエンら（Baron-Cohen, S., Frith, U., et al.）は，自閉症児は心の理論に問題があり，そのために対人関係に障害が生じるという仮説を立て，4歳以上の健常児，自閉症児，ダウン症児を対象にサリー・アン課題を用いて誤信念の理解を調べた。その結果，健常児とダウン症児は誤信念を正しく推測できたが，自閉症児はこの推測に困難をみせた。つまり，自分が知っていることと他者が知っていることの違いを認識していないため，対人関係において他者の心を推測したりすることが困難であることが示唆された。「心の理論」の研究はこのように自閉症の子どもの理解を深めるという立場に立つ研究もある。

―――――――――――――〈演　習〉―――――――――――――

1. 成人の愛着スタイルについて考えてみよう。
①次の4種類の記述を読み自分に最もよく当てはまるものをひとつだけ選ぼう。

　Type Ⅰ：私は割合たやすく他人と親しくなれるし，また相手と気楽に頼ったり頼られたりすることができる。仲よくなった人達とはこれからもずっと親しくしていけると思うし，また安心してお互いに何でもうちあけることができる。

　Type Ⅱ：私はあまり気軽に人と親しくなれない。人を全面的には信用できないし，人に頼ったり頼られたりするのがへjust だ。人に親しくされ過ぎるといやになってしまうし，それが恋人でも私が望む以上の親密さを求められたりするといらいらしてしまう。

　Type Ⅲ：時々，人はいやいやながら私と親しくしてくれているのではないかと思うことがある。例えば，恋人が本当は私を愛してくれていないのではないかとか，私と一緒にいたくないのではないかとしばしば心配になることがある。私は他の人といつも一緒にいたいと思うが，そのために時々その人達から疎まれてしまうことがある。

　Type Ⅳ：上記の3つのどの記述にも当てはまらない。

② Hazan, C. & Shaver, P. (1987) は Bowlby, J. (1973) の作業仮説をもとに，子どもの愛着スタイルに類似した大人の愛着スタイルが存在することを仮定した。上記のType Ⅰ は secure，Type Ⅱ は avoidant，Type Ⅲ は anxious/ambivalent であり，それぞれ子どもの3つの愛着スタイルに対応している。それぞれのタイプの特徴として，Type Ⅰ は"対人関係スキルのうまさや相手との関係に対する信頼感"，Type Ⅱ は"人嫌いと自尊心の強さ"，Type Ⅲ は"過度の親和性と相手との関係に対する不安感"が挙げられる。

また，下表は年齢18～29歳（平均20.0歳）の学生，計286名（男性153名，女性133名）を対象とした結果である。Type Ⅳ は Ⅰ ～ Ⅲ のいずれのタイプにも分離不能である。

表　Hazan et al. の尺度による愛着スタイルの分類

	secure	anxious	avoidant	分離不能	total
男　性	55 (36.7)	21 (14.0)	38 (25.3)	36 (24.0)	150 (53.8)
女　性	55 (42.6)	19 (14.7)	14 (10.9)	41 (31.8)	129 (46.2)
total	110 (39.4)	40 (14.3)	52 (18.6)	77 (27.6)	279 (100.0)

note：(　) 内の数字はパーセント

③ ⅰ これらの結果から自分の愛着スタイルについて考えてみよう。
　ⅱ Type Ⅳ を選んだ場合には，その理由を具体的に考えてみよう。
　ⅲ 成人の愛着スタイルをこのようにいくつかのタイプに分けることは適当であろうか。
　ⅳ どの様な対人関係上の態度が各スタイルを特徴づけているのであろうか。
（詫摩武俊・戸田弘二　1988　愛着理論からみた青年の対人態度―成人版愛着スタイル尺度の作成の試み―　東京都立大学人文学報，196, 1-16より作成）

引用・参考文献

Baillargeon, R. 1987 *Object permanence in 3.5- and 4.5-month-old infants*. Developmental Psychology, 23, 655-664.
Baron-Cohen, S., Leslie, A.M., & Frith, U. 1985 *Does the autistic child have a "theory of mind"?* Cognition, 21, 37-46.
Bowlby, J. 1969　黒田実郎・大羽蓁・岡田洋子・黒田聖一（訳）　母子関係の理論 Ⅰ　愛着行動（新版）　岩崎学術出版社　1991
遠藤辰雄（編）　アイデンティティの心理学　ナカニシヤ出版　1981

Erikson, E.H. 1982　村瀬孝雄・近藤邦夫（訳）　ライフサイクル，その完結　みすず書房　1989
Frith, U. 1989　冨田真紀・清水康夫（訳）　自閉症の謎を解き明かす　東京書籍　1991
ゴスワミ，U. 岩男卓実ほか（訳）　子どもの認知発達　新曜社　2003
繁多進　愛着の発達―母と子の心の結びつき―　大日本図書　1987
Harlow, H.F. 1971　浜田寿美男（訳）　愛のなりたち　ミネルヴァ書房　1978
川瀬正裕・松本真理子（編）　新自分さがしの心理学―自己理解ワークブック―　ナカニシヤ出版　1998
子安増生（編）　よくわかる認知発達とその支援　ミネルヴァ書房　2005
Piaget, J. 1947　波多野完治・滝沢武久（訳）　知能の心理学　みすず書房　1967
Piaget, J. & Inhelder, B. 1948 *La représentation de l'espace chez l'enfant.* P.U.F. Translated by F.J. Langdon & J.L. Lunzer 1956 *The child's conception of space.* London: Routledge & Kegan Paul.
Piaget, J. 1970　中垣啓（訳）　ピアジェに学ぶ認知発達の科学　北大路書房　2007

第6章　恋愛の心理

トピック

　一般教養の心理学を担当していると，恋愛心理は学生さんにとって非常に興味のある分野であるらしく，ことのほか熱心に授業に参加してくれる。

　今でこそ「恋愛心理学」という研究領域が認められ，研究も進められるようになってきたが，この分野の実証的研究が始まったのは，比較的最近のことである。アメリカで1960年代頃から研究が開始されたが，初期の恋愛心理学の研究者たちは，旧来の厳粛な学者たちからは，俗っぽい研究をしていると冷ややかな視線を浴びせられ，恋愛を神秘的と見る人たちからは，科学的に解明することを批判されていたのである。日本では，アメリカに遅れること約10年，1970年代頃から恋愛心理学の研究が認められるようになった。それまでは情動の一つとして，愛情や好意が扱われることはあったが，独立した領域として研究されることはなかったのである。

　また，これも意外なことかもしれないが，もともと日本には「恋愛」という言葉はなかった。明治時代に英語の love の翻訳語として「恋愛」という語が使用されたのが最初らしい。

　本章では，恋愛に関する科学的研究の成果を概観していく。このテーマは今後の研究が期待されている分野でもある。ここで得た知識をご自身の恋愛にも活かしつつ，恋愛心理学の分野で研究をしたいと思っていただければ望外の幸せである。

キー・ワード

対人魅力，好意，恋愛関係，自己呈示，自己評価，ラブスタイル，非言語コミュニケーション，同調，失恋

1節　恋心の芽生え

　ある理科系大学の非常勤講師をしていたとき，恋愛心理を取り上げると，必ず，「先生，出会いがないです。毎日，男ばかりのゼミで，朝から晩まで一緒にいて，どこで出会うって言うんですか？！」という悲痛な叫びにも似た訴えを聞くハメになるのである。出会いがなければ，恋愛関係にも進展しないのは事実である。出会いもなければ失恋もない。この節では，出会いや恋心を抱くことに関連する心理的要因について取り上げてみよう。

1　SVR理論と対人魅力の要因

　人が人を好きになる要因については，第2章の「対人魅力」で学習した。外見的魅力，近接性，態度や性格の類似性，生理的興奮，単純接触効果などがある。しかし，これらの要因がすべて，出会いのときに同様にはたらくのではない。恋愛の進度によって重要視される対人魅力の要因が異なっていると考えられる。

　一般的に，出会い，親密な関係になり，結婚という流れが考えられるが，マースタイン（Murstein, B.I.）は，結婚相手を選ぶ過程を3段階に分け，SVR理論を提唱している[1]。まず出会いの段階では，相手の外見的魅力，声，表情やしぐさといった行動に惹きつけられる。このように相手から受ける刺激（stimulus）が重要になるので，これをS段階という。この段階を互いにクリアするとつき合いがはじまる。

　交際が始まると，一緒に行動する機会が増えるため，価値観や性格の類似性が重要な要因となる。価値観が最重要視されることから，マースタインはこの段階をV（value）段階とした。興味や関心，趣味などが共通していれば，一緒に楽しい時間を過ごすことができる。たとえば，二人ともスポーツが好きであれば，一緒に楽しむことができる。趣味や価値観が異なると，いざこざやけんかの可能性が増えると考えられる。

　V段階でより親密な関係になると，結婚を考えるようになる。一緒に生活をするようになると，ただ単に価値観が同じであるとか，性格が似ているということだけではなく，互いの役割を分担して行動することが重要になる。そこで

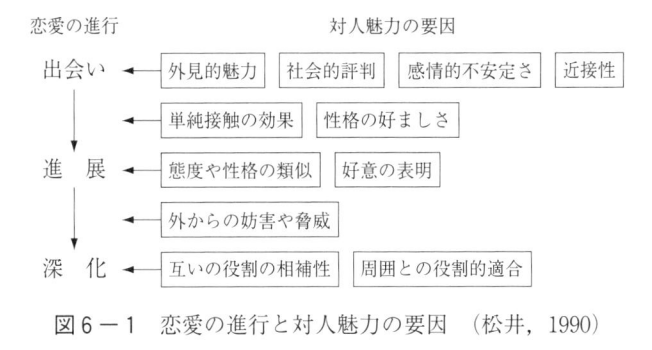

```
恋愛の進行            対人魅力の要因
 出会い  ← 外見的魅力  社会的評判  感情的不安定さ  近接性
   ↓      ← 単純接触の効果  性格の好ましさ
 進 展  ← 態度や性格の類似  好意の表明
   ↓      ← 外からの妨害や脅威
 深 化  ← 互いの役割の相補性  周囲との役割的適合
```

図6－1　恋愛の進行と対人魅力の要因　（松井，1990）

この最終段階をR（role）段階という。互いに補い合うという，相補性が重要になってくるのである。

　松井豊はSVR理論を基に，恋愛の進行と対人魅力の要因について，図6－1の模式図を作成している[2]。

　ひと目惚れという言葉もあるように，出会いの段階では外見的魅力が重要である。美容整形や男性用のエステのコマーシャルを目にすることが多くなり，男女ともに外見を気にしていることはわかる。しかし，容姿は加齢とともに衰えていくもの。知識や教養，人柄などは磨けば磨くほど輝きを増す。外見だけではなく，内面からにじみ出るような美しさを身につけたいものである。

　また，ある程度関係が親密になったときに，外からの妨害や脅威により，ますます恋愛感情が深まる場合がある。たとえば，恋人を両親に紹介したときに反対されたような場合，周囲の反対が強ければ強いほど，恋が燃え上がるということがある。このことをロミオとジュリエット効果という。

2　好まれる性格と自己評価

　一般的に明るく，積極的で，思いやりがある人が好かれるということは第2章ですでにみてきた。このような性格を社会的に望ましい性格という。それではどんな人でも，社会的に望ましい性格を目指したほうがよいのだろうか。松井は，「暗く，消極的な性格でもそれを魅力と感じてくれる人もいるわけで，無理に明るく積極的な性格に変えようとするより，自分の性格にあった魅力を自分で見つけ出すことが大切である」としている[3]。まずは自己理解から始めよう。

一方,社会的に望ましい性格の人物を選ぶかどうかは,自分に自信があるかどうかに関連していることがわかっている。自分にどの程度自信があるか,どの程度自分のことを受け容れているかを自尊感情とか自己評価という。この自己評価の高い人と低い人とでは,好きなタイプがどのように違うのかを調べた研究によれば,自己評価の高い人は,自分に似たタイプを遊び相手として選び,自己評価の低い人は,社会的に望ましい性格の人を好んでいる[4]。

　また,自己評価に関連する説として,自尊理論がある。自尊理論とは,自己評価が低くなると,人は愛情を受け容れやすくなるというものである。たとえば,失恋をしたとき,落ち込んでいるのを異性の友人が慰めてくれ,その後,その人とつき合うことになったというような場合である。落ち込みや寂しさから,誰かに頼りたいとか誰かと話がしたい,仲よくなりたいという依存欲求や親和欲求が高まる。そしてその欲求を充足してくれた友人に対し,魅力を感じるのである。また,自己評価が低下し,劣等感が高まるため,自分以外の人が優れて見えるということも影響している。

3　自己呈示

　さて,たとえばみなさんが合コン(合同コンパ)に参加しているとしよう。合コンには珍しく,あなたの好みの異性がいたとしよう。みなさんは普段と同じありのままの自分を表現するだろうか,それとも違った自分を表現するだろうか,ちょっと想像してほしい。多くの人が自分の行動をコントロールするのではないかと思う。出会いの場面では,自分が相手を評価するのと同時に,自分も相手から評価されているのである。相手によい印象を持ってもらおうと,自分を演出するのである。「この部分は出そう」,「この部分は隠しておこう」などと統制しながら自分を出していくことを自己呈示という。

　男女ともに,性役割ステレオタイプに合致するような態度や行動を示しやすいことが明らかになっている。性役割ステレオタイプとは,「男性はリーダーシップがある」とか「女性はおしとやか」なほうが魅力的に見えるといった,性役割に関して固定化されたイメージである。たとえば,プリナーとチェイクン(Pliner, P. & Chaiken, S.)は,女性被験者に満腹になるまでクラッカーを食べてもらうという実験により,同席のサクラが女性の場合やあまり好感をもて

ない男性の場合は，そのサクラと同程度に食べていたが，好ましい男性が同席している場合は，食べる枚数が少なくなっていることを確認した[5]。

また，いい側面ばかり呈示しても，また悪い側面ばかり呈示しても嫌われることもわかっている。外見，性格ともに非の打ちどころがなく，何をやらせても完璧という人物よりは，どこか抜けているところがあるほうが，親しみがわくのではないだろうか。

2節　恋愛のタイプと恋愛の5段階説

この節では，恋愛の分類についてこれまで提案されてきた考え方について，みていく。

1　ルービンの研究

ルービン（Rubin, Z.）の研究は，恋愛に関する実証的研究の先駆けといってよいだろう。彼はロマンティックな愛情と好意を区別し，Love-Like 尺度を作成した。ロマンティックな愛情には，愛着，世話，親密さの3側面があるとし，好意には，好意的評価，尊敬，類似性という3側面が含まれると考えた。そして，ルービンは質問紙調査により，恋人に対しては恋愛感情・好意ともに高い得点を示すが，友人に対しては，好意のみが高いことを明らかにした[6]。

ここで男性のみなさんによく覚えていただきたいことは，女性の方が恋愛と友情をはっきりと区別していることだ。女性は，異性の友人に対し，「本当に好きだし尊敬しているけれど，恋愛感情はない」ととらえていても，男性の場合はそれほど愛情と好意が明確に区別されていないことが多いのである。このあたりの性差を理解しておけば，痛い思いをしなくてすむかもしれない。

2　リーのラブスタイル

リー（Lee, J.A.）は恋愛に関するさまざまな小説，文献などから4000以上もの記述を収集し，分類した。そこから愛にいくつかの類型があることを発見し，それらを円環状に配置した。色環図にも似ていることから，「愛の色彩理論」と名づけた。それぞれのラブスタイルの説明は表6-1に記した。

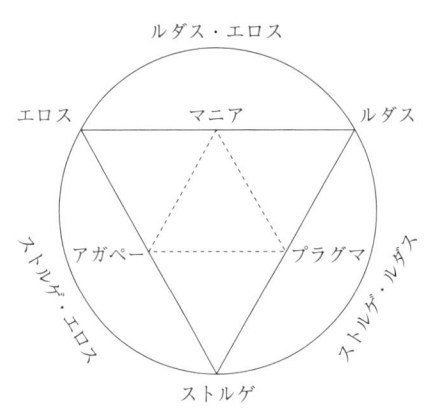

図6-2 リーによる愛の色彩理論
（Lee, 1988）

図6-2で，対称の位置関係にあるもの同士は，お互いの恋愛観を理解しえない。ルダスとアガペー，プラグマとエロスなどでは，うまくいかないであろう。同じタイプ同士が，相性がよいといえる。たとえば，二人ともストルゲタイプであれば，友情のようなほのぼのとした愛が長続きしやすいが，二人ともルダスタイプの場合は，関係は長続きしないかわりに，お互い遊びとわかっているので，つき合いを楽しみ，別れてからも後腐れはない。

日本の大学生を対象とした質問紙調査の結果では，エロス，アガペー，マニアは独立したタイプではなく，一つのまとまりとしてとらえられた[7]。したがって，リーが述べていたような環状ではなく，これと他の3タイプの四角構造または，三角錐構造とみるほうが妥当という説がある。

クライド・ヘンドリックとスーザン・ヘンドリック（Hendrick, C. & Hendrick, S.）はラブスタイルと自尊心の関連を調べ，自尊心が高い人はよりエロス的な，自尊心の低い人はよりマニア的なラブスタイルであるとした[8]。また，ラブスタイルと恋愛関係の質を調べた研究によると，エロス的なラブスタイルは，関係満足度に対してポジティブな影響を与えるが，ルダス的な場合は，恋愛関係にあまり満足しないとしている[9]。

日米間の恋愛のスタイルを調べた研究によれば，アメリカと日本では女性がプラグマ的であるという共通点があるが，アメリカでは男性のほうがルダス的であるのに対し，日本では女性のほうがルダス的で，男性はよりアガペー的であるとしている。つまり，日本では女性のほうが恋愛をゲームのように楽しみ，男性のほうが自己を犠牲にしてでも相手のためにつくすという愛を示しているのだ。なぜこのような違いがあるのかは非常に興味深いところである。

表6-1　6つのラブスタイル

ラブスタイル	説　明
エロス (美への愛)	恋愛を至上のものと考えており，ロマンティックな考えや行動をとる。相手の外見を重視し，強烈な一目惚れを起こしやすい。例）ロミオとジュリエット
ルダス (遊びの愛)	恋愛をゲームとして捉え，楽しむことを第一に考える。相手にあまり執着しないので，嫉妬や独占欲を示さない。相手と距離をおいてつき合おうとするので，自分のプライバシーに踏み込まれることを好まない。例）「007」のジェームズ・ボンド
ストルゲ (友情的な愛)	穏やかな友情的な恋愛。長い時間をかけて，知らず知らずのうちに愛が育まれるタイプ。異性の容姿に対する理想はあまり持っていない。例）「赤毛のアン」のアンとギルバート
マニア (熱狂的な愛)	独占欲が強く，嫉妬や執着，悲哀といった激しい感情をともなう。それゆえ，関係をなかなか安定させることができない。例）「嵐が丘」のヒースクリフ
プラグマ (実利的な愛)	恋愛を地位の上昇などの手段と考える。相手の選択においては，社会的な地位の釣り合いなど，いろいろな基準を立てる。例）「グレート・ギャッツビー」のデイジー
アガペー (愛他的な愛)	相手の利益だけを考え，相手のために自己を犠牲にすることもいとわない愛。相手に対して親切で優しく，その見返りを要求しない。自分を愛してくれることさえも求めない愛。例）「シラノ・ド・ベルジュラック」のシラノ

3　日本人大学生の恋愛5段階説

　松井は，恋愛行動パターンを探るために大学生を対象に調査研究を行っている。そして，得られた回答を数量化理論第Ⅲ類という，統計的手法により分析した結果を，次頁図6-3のようにまとめた。この図を見てわかる通り，恋愛の始まりは友愛的な会話で，徐々に悩みを打ち明けるなどの内面を開示し，肩や体に触れるなどの行動が第1段階に含まれる。第1段階の終わりにはプレゼントを贈る。次の第2段階では，デートが中心で，一緒に出かけたり，腕を組んだり，用もないのに電話をしたり，ときには喧嘩をしたりということもある。第3段階では友人たちに「ボーイフレンド（ガールフレンド）」として紹介し，キスをしたり抱き合ったりという性的行為も行うようになる。また，けんかも深刻なものになってくる。第4段階では恋人として友人たちに紹介する。第5段階で結婚話が出てくる。

　以上は1980年代後半に調査したものであったが，松井は2000年に首都圏の大学生を対象に再調査を行っている。その結果，恋愛行動の進展に関して，全体的な流れは前回の結果と一致していたが，若干の変化がみられた。まず，「寂しいときに話をする」や「用もないのに電話をする」という回答が第1段階に近づい

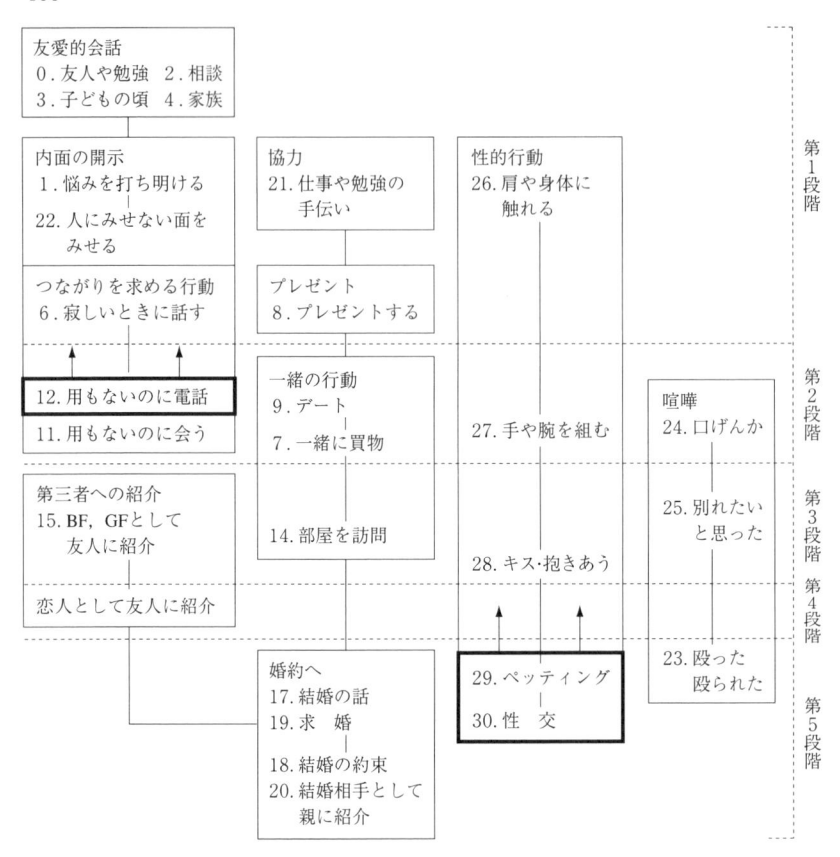

```
友愛的会話
 0. 友人や勉強  2. 相談
 3. 子どもの頃  4. 家族

内面の開示                協力                性的行動                           第
 1. 悩みを打ち明ける      21. 仕事や勉強の    26. 肩や身体に                     1
22. 人にみせない面を          手伝い              触れる                         段
    みせる                                                                      階

つながりを求める行動      プレゼント
 6. 寂しいときに話す       8. プレゼントする
----------------------------------------------------------------------------------
12. 用もないのに電話      一緒の行動                          喧嘩               第
11. 用もないのに会う       9. デート          27. 手や腕を組む  24. 口げんか     2
                           7. 一緒に買物                                         段
                                                                                 階
----------------------------------------------------------------------------------
第三者への紹介                                                25. 別れたい      第
15. BF, GFとして          14. 部屋を訪問                          と思った      3
    友人に紹介                              28. キス・抱きあう                   段
                                                                                 階
----------------------------------------------------------------------------------
恋人として友人に紹介                                                             第4段階
----------------------------------------------------------------------------------
                          婚約へ                                                 第
                          17. 結婚の話       29. ペッティング   23. 殴った       5
                          19. 求  婚         30. 性  交            殴られた     段
                          18. 結婚の約束                                         階
                          20. 結婚相手として
                              親に紹介
```

図6-3 恋愛行動の進展に関する5段階説（松井，1993をもとに2000年の結果を追加）

ている。これは携帯電話の普及によるものと考察している。もう1点は，性的行動の「ペッティング」や「セックス」の経験率が第5段階から第4段階へ繰り上がっているが，それは性的行動の低年齢化に対応する時代的変化と考えられている。

　また，松井は恋愛の各段階と恋愛意識の関係を調べているが，エロス的意識は恋愛の段階が上がるにつれて高まるとしている。女性については，マニア的とアガペー的意識にも同様の傾向があった。ストルゲ的意識は男性において，第1段階から第2段階で高まるが，第5段階になると弱くなり，ルダス的意識では第1段階から第3段階までその傾向が高まり，第4段階以降は弱まっている。

3節　目は口ほどに（異性間の非言語コミュニケーション）

　コミュニケーションには言語による言語コミュニケーションと，表情，ジェスチャー，声の調子，対人距離といった言語以外の情報による非言語コミュニケーション（ノンバーバル・コミュニケーション）がある。言語コミュニケーションが重要であることは言うまでもないが，非言語コミュニケーションも重要な役割を担っている（詳しくは第9章参照のこと）。非言語コミュニケーションは，言語コミュニケーションに比べ，行動者からしてみると自発的ではなく，観察者からも自発的ではないと思われやすい。したがって，非言語コミュニケーションを適切に使うことができれば，効果的に自分の好意を相手に伝えることができる。

1　魅力的な瞳

　目の大きな人は好かれるというが，比較行動学者によれば赤ちゃんや子どもは目が大きく，それによって大人たちは可愛いと思い保護的行動に駆り立てられるためである。それと同様に大人でも目の大きな人は可愛いと思われ，好かれるというのである。

図6－4　ヘスの実験に用いられた写真

　古代エジプトの時代から，女性は目に化粧を施してきた。目に人を惹きつける力があると考えられていたのだろう。ヘス（Hess, E.H.）の研究によると，瞳孔の大きさも好意に影響しているというのである[10]。彼は同じ女性の写真を2枚用意し，一方の写真の瞳孔の大きさを実際よりも大きく修正し，男性被験者にどちらが魅力的か質問をしたのである。その結果，瞳孔の大きい方が好まれたのである。

　瞳孔は光の量を調整しているが，その他に興味や関心によっても大きさが変化することがわかっている。女性も男性も，自分の興味や関心のあるものを見ると，瞳孔は大きくなるのである。瞳孔の大きさは快・不快の指標であるとも

いえる。確かに興味あるものを見ているときの目は，きらきらと輝いて魅力的である。デートには照明を落とした，洒落た店がオススメである。と同時に，いろいろなことに興味をもち，いきいきとした生活を送ることも必要だろう。

2　身体接触

身体接触は母子間の愛着を形成するうえで重要である。幼児期の身体接触の欠如は，幼児の正常の発育を妨げると考えられてきた。異性間の身体接触は，松井の5段階説でもみてきたように，恋愛が進展するにつれ，接触行動の範囲が広がっていく。好きな人には触れたいと思うのが自然のようである。

バーンランド（Burnland, D.C.）が，大学生の被験者に，14歳以降，父，母，同性の友人，異性の友人に触れられている身体の部位を尋ねたところ，図6－5のような結果が得られた[11]。日本人はアメリカ人に比べ，全般的に身体接触が少ない。

大学生のコンパの場面で，身体接触がどの程度行われているかを調べた研究によると，男性は相手に触れたがると同時に触れられることも許容するが，女性は自分から触れることはあっても，触れられることには拒否感を持っているようである。ここでも男女の意識差があるので，出会いの場面で女性から触れられても，好意があると考えないほうがよいだろう。

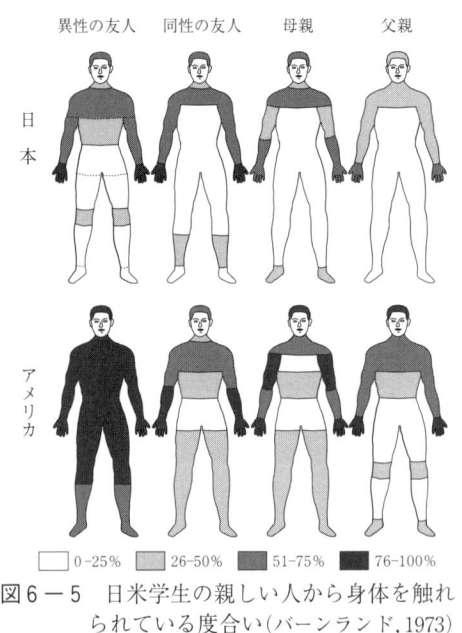

図6－5　日米学生の親しい人から身体を触れられている度合い（バーンランド，1973）

3　同調

仲のよい人物同士の行動が，いつの間にか同期してくることは，みなさんも体験したことがあるだろう。恋人とカフェでコーヒーを飲んでいるとき，コー

ヒーに手を伸ばすタイミング，ひと口飲んではカップを置くタイミングなどがぴったりと合っていることに気づいたことはないだろうか。このような現象を同調（synchrony）という。これは異性間だけでなく，同性間でも仲のよい人間関係で無意識のうちに起こってくる現象である。

自然に起こってくる現象なので，普段は意識していないが，たとえばけんかをしたときや，この人と仲よくなりたいというときに，さりげなく自分の行動を相手の行動に意識的に合わせてみると，うまくいくかもしれない。ただし，あまりあからさまにやってしまうと，逆効果になりかねないので，あくまでもさりげなくというのがポイントである。

4節　恋破れて

失恋はごく日常的に起こることであり，かつストレスフルな出来事である。とくに，青年期の学生さんたちにとっては，非常に身近な問題ではないだろうか。

1　別れの季節

日本の大学生を対象に，別れの時期を調べた大坊郁夫の研究によれば，3月に破局を迎えるカップルが最も多いということである[12]。この調査は大学1年生を対象としていたので，高校から大学に進学し，地元を離れた学生さんが多かったのであろう。「去るもの日々に疎し」というが，会う機会が少なくなるのは，別れを促進させるのだろう。近接性の要因が恋愛にも重要なはたらきをしているのである。

飛田操の研究でも，失恋は3月に多いということ[13]や，アメリカのヒルら（Hill, C. T., Rubin, Z. & Peplau, L.A.）の研究でも，5月から6月，9月，12月から1月にかけて別れが多くなっていた[14]。日本とアメリカでは学年の開始時期が異なるので，この結果からも，学期や学年の変わり目が，別れのきっかけになっていることがわかる。

2　失恋

一般に失恋というと，片思いのまま恋に破れることやつき合っていた相手か

ら別れを切り出されるということを思い浮かべるだろう。では，ふった場合や自然消滅は含まれないのだろうか。加藤司は失恋ストレスコーピングと精神的健康との関連性を調べる研究の予備調査として，大学生を対象に，別れの主体が自分にある場合やどちらから別れを切り出したのか不明の場合も，「失恋」といえるかどうかを確認している[15]。その結果，いずれも失恋に含まれるという結果が得られている。つまり，失恋はつき合った後に別れたというものと，片思いで終わったものとに，大きく2分類できることになる。前者を「離愛」，後者を「片思い」という。離愛はさらに，誰が別れを切り出したかによって，「主体が自分の（ふった）離愛」，「主体が相手の（ふられた）離愛」，「明確でない離愛」とに分類できる。どちらから切り出したのかわからないとか，自然消滅は「明確でない離愛」に含まれる。

　男性と女性のどちらが別れを切り出したのかを調査した研究がいくつかあるが，一貫して女性から切り出しているほうが多いという結果が出ている。前述の恋愛のタイプで，日本の大学生は女性のほうがルダス的とあったことを考慮すれば，納得のいく結果ではあるが，いかがだろうか。

3　失恋コーピングと精神的健康

　失恋をしたとき，その悲しみや苦痛からどのように立ち直るのかは，心の健康という点から重要である。失恋のストレスに対して，みなさんはどのような対処法をとってきただろうか。それは効果的だっただろうか。失恋すると落ち込みや悲しみ，苦しみといった感情的な反応のほかに，さまざまな行動や反応が起こる。たとえば，失恋したことを否認，相手のことを考える回顧的反応，失恋相手や思い出の場所を回避，失恋後も関係を継続させようとする行動，失恋相手に対する攻撃的な行動，別の異性への接近，ヤケ酒やヤケ食いなどがあげられる。このように失恋から回復するための対処策を失恋コーピング（失恋ストレスコーピング）という。

　加藤の調査は，失恋コーピングを「未練」，「敵意」，「関係解消」，「肯定的解釈」，「置き換え」，「気晴らし」に6分類している。その上位概念として，「未練」，「拒絶」，「回避」と3つをあげている。「未練」は別れたことを悔やんだり，関係を戻そうとしたりすることである。「拒絶」には，相手を恨んだり，

悪口を言ったりする「敵意」，相手のことや失恋のことを考えないよう，忘れようとする努力などの「関係解消」が含まれる。「回避」には，失恋が自分の成長に役立つなどと，失恋を肯定的に受け止める「肯定的解釈」，他の異性とつき合おうとする「置き換え」，スポーツや趣味に打ち込んだり，何か楽しいことを考えたりする「気晴らし」が含まれる。

そして，女性より男性のほうが「回避」を多く用いていることがわかった。また，すべての失恋コーピングにおいて，片思い群よりもつき合ってから別れたという離愛群のほうが，使用頻度が高くなっていることが明らかになった。

さらに，加藤の研究では，「回避」を用いるほど，失恋からの回復期間が短くなり，「未練」や「拒絶」を用いるほど，失恋の痛手を長引かせることが明らかになった。失恋相手に対する執着が強いと，未練や拒絶の使用頻度が高まると考えられる。したがって，回復までに時間がかかるのであろう。コーピング研究では，自分ではどうにもできないようなコントロール不可能状況においては，一時的にその状況を回避する方略を選択することで，ストレス反応が低減することが知られている。失恋もコントロール不可能な状況であり，同様に，回避方略をとることでストレスが低減したのではないかと考察している。

しかし，このような失恋コーピングと精神的健康についての研究は少なく，今後の研究が期待される分野である。

―――――――――――――――〈演　習〉―――――――――――――――

1　恋愛のタイプを測定してみよう

まず，「恋人や好きな人もしくは，家族以外であなたにとってもっとも親しい異性」を思い浮かべてみよう。1〜40までは，その人に対するあなたの気持ちや行動について，41〜53まではあなたの異性観や恋愛に関する意見や経験について聞いている。各質問項目の右側，白いマスが回答欄である。そこに，よく当てはまるが1，少し当てはまるが2，どちらでもないが3，あまり当てはまらないが4，まったく当てはまらないが5，として5段階で評定し，該当する数値を記入してみよう。

LETS-2 (松井,1993を基に作成)

1	彼(女)と私は会うとすぐにお互い惹かれ合った。					
2	私たちの友情がいつ愛に変わったのか、はっきりとはいえない。					
3	私は,彼(女)に対してどうかかわっているかについて,少し曖昧にしておこうと気をつけている。					
4	彼(女)が苦しむくらいなら、私自身が苦しんだほうがましだ。					
5	彼(女)と私は外見的にうまく釣り合っている。					
6	私自身の幸福よりも、彼(女)の幸福が優先しないと、私は幸福になれない。					
7	彼(女)が私を気にかけてくれないとき、私はすっかり気がめいってしまう。					
8	私たちの友情は、時間をかけて次第に愛へと変わった。					
9	彼(女)の望みをかなえるためなら、私自身の望みはいつでも喜んで犠牲にできる。					
10	彼(女)が誰かほかの人とつき合っているのではないかと疑うと、私は落ち着いていられない。					
11	彼(女)と私は、お互いに結びついていると感じる。					
12	彼(女)と私はかなり早く、感情的にのめりこんでしまった。					
13	私は彼(女)との友情を大切にしたい。					
14	彼(女)が私に頼りすぎるときには、私は少し身を引きたくなる。					
15	私は気がつくと、いつも彼(女)のことを考えている。					
16	彼(女)と私はお互いに、本当に理解し合っている。					
17	彼(女)に期待をもたせたり、彼(女)が恋に夢中にならないように気をつけている。					
18	彼(女)が私以外の異性と楽しそうにしていると、気になってしかたがない。					
19	私が必要だと感じたときだけ彼(女)にそばにいてほしいと思う。					
20	私は彼(女)と一緒なら、どんなに貧乏な暮らしでも平気である。					
21	彼(女)は私だけのものであってほしい。					
22	彼(女)とはあまり深入りせず、すっきりした関係でありたい。					
23	私は彼(女)のためなら、死ぬことさえも恐れない。					
24	彼(女)には、いつも私のことだけを考えていてほしい。					
25	彼(女)と一緒にいると、私たちが本当に愛し合っていることを実感する。					
26	彼(女)とは定期的に会うよりも、気が向いたときにだけ会っている。					
27	私は彼(女)のためなら、できないこともできるようにしてみせる。					
28	彼(女)とけんかをすると、不安や心配でやつれてしまう。					
29	彼(女)からの愛情が、ほんのわずかでもかけていると感じたときには、悩み苦しむ。					
30	彼(女)との交際が終わっても、友人でいたいと思う。					
31	彼(女)とは、友人関係から自然に恋人関係へと発展した(させたい)。					
32	彼(女)のことを思うと、強い感情が突き上げてどうしようもなくなる。					
33	どんなにつらくても私は彼(女)に対して、いつでもやさしくしてあげたい。					
34	たとえ彼(女)からまったく愛されなくても、私は彼(女)を愛していたい。					
35	彼(女)と私は、お互いに出会うために、この世に生まれてきたような気がする。					
36	彼(女)との愛を大切にしたいと、気を使っている。					
37	長い友人づきあいを経て、彼(女)と恋人になった。					

38	彼（女）といると甘くやさしい雰囲気になる。	
39	私は彼（女）にあれこれと干渉されると，その人と別れたくなる。	
40	彼（女）のためなら，私はどんなことでも我慢できる。	
41	私は，交際相手と深くかかわる前に，その人がどんな人になるだろうかとよく考える。	
42	私は恋人を選ぶ前に，自分の人生を慎重に計画しようとする。	
43	恋人を選ぶときには，その人が私の家族にどう受け取られるかを一番に考える。	
44	特定の交際相手を決めたくないと思う。	
45	恋人を選ぶのに重要な要素は，その人がよい親になるかどうかだ。	
46	恋人を選ぶときには，その人が私の経歴にどう影響するかも考える。	
47	恋人を選ぶとき，その人は将来性があるだろうかと考えてみる。	
48	最良の愛は，長い友情の中から育つ。	
49	恋人を選ぶとき，その人の学歴や育ち（家柄）が，私と釣り合っているかどうかを考える。	
50	恋人を選ぶときには，その人に経済力があるかどうかを考える。	
51	恋人を選ぶとき，その人とのつき合いは，私の格（レベル）を下げないかと考える。	
52	交際相手から頼られ過ぎたりベタベタされるのが嫌である。	
53	私がもっとも満足している恋愛関係は，よい友情から発展してきた。	
	合計得点	
		エ ル ア マ プ ス

採点方法

　回答の数値を点数とみなし，それぞれ縦に合計得点（粗点）を算出する。一番下の記号は以下の尺度を表している。エ：エロス，ル：ルダス，ア：アガペー，マ：マニア，プ：プラグマ，ス：ストルゲ。

それぞれの得点を以下の式に代入し，尺度得点を算出する。

　　ストルゲ　　　　41－（粗点）＝尺度得点
　　その他の5尺度　46－（粗点）＝尺度得点

引用・参考文献

1) Murstein, B. I. *The stimulus-value-role (SVR) theory of dyadic relationships*, in S. Duck (ed.), Theory and practice in interpersonal attraction. Academic Press 1977
2) 松井豊　人間関係と性格　詫摩武俊・瀧本孝雄・鈴木乙史・松井豊　新心理学ライブラリ9　性格心理学への招待　サイエンス社　1990　139-180.
3) 松井豊　恋ごころの科学　サイエンス社　1993
4) 蘭千寿・小窪輝吉　魅力形成に及ぼす社会的望ましさの効果―自己評価・判断次元との関連において―　実験社会心理学研究, 18, 75-81. 1978

5) Pliner, P. & Chaiken, S. *Eating, social motives, and self-presentation in women and men.* Journal of Experimental Social Psychology, 26, 240-254. 1990
6) Rubin, Z. *Measurement of romantic love.* Journal of Personality and Social Psychology, 16, 265-273. 1970
7) 松井豊　恋愛行動の段階と恋愛意識　心理学研究，64，335-342．1993
8) Hendrick, C. & Hendrick, S. *A theory and method of love.* Journal of Personality and Social Psychology, 50, 392-402. 1986
9) Hendrick, C., Hendrick, S. & Adler, N. L. *Romantic relationships: Love, satisfaction, and staying together.* Journal of Personality and Social Psychology, 54, 980-988. 1988
10) Hess, E. H. *Attitude and pupil size,* in R. C. Atkinson (ed.), Contemporary psychology. Freeman and Company 1971
11) バーンランド，D. C.　西山千（訳）　日本人の表現構造　サイマル出版会　1973
12) 大坊郁夫　異性間の関係崩壊についての認知的研究　日本社会心理学会第29回大会発表論文集，64-65．1988
13) 飛田操　親密な対人関係の崩壊過程に関する研究　福島大学教育学部論集，46，47-55．1989
14) Hill, C. T., Rubin, Z. & Peplau, L. A. *Breakups before marriage: The end of 103 affairs.* Journal of Social Issues, 32, 147-168. 1976
15) 加藤司　失恋ストレスコーピングと精神的健康との関連性の検証　社会心理学研究，20，171-180．2005

第7章　職場の中の人間関係

トピック

　日本の総人口1億2700万人のうち，労働力人口（就業者と完全失業者の合計）は6650万人となっている[1]。これらの多くの人々が何らかの職業に就き，大部分の人が1日8時間をその職場で過ごしていることになる。そこで職場という生活の場からの影響は大きく，個々人のメンタルヘルスにも深く関わることになる。一生の大半（労働年齢の期間）を快適に居心地よく生活していくためにも職場の人間関係を考えることは大事なことである。

　職場での「人間関係」，たとえば上司との関係が良好で，職場の雰囲気がよければ，それだけでも働く意欲は増すことが多い[2]。ダグラス・マグレガー（McGregor, D.M.）は著書『企業の人間的側面』で経営者や上司の2つの考え方を説明した[3]。「人間は本来なまけたがる生き物で，責任をとりたがらず，放っておくと仕事をしなくなる」という考え方（X理論）と「人間は本来進んで働きたがる生き物で，自己実現のために自ら行動し，進んで問題解決をする」という考え方（Y理論）である。X理論に基づくと，労働者を命令や強制で管理し，目標が達成できなければ懲罰といった，「アメとムチ」による経営手法が必要であり，Y理論に基づくと労働者の自主性を尊重する経営手法となる。さて，いずれの経営手腕が望ましいか，みなさんはどう考えるか。それは会社の業績実態にも関わることでもあるが，よりよい人間関係を構築していくことで，生産力向上にもつながることは数多く報告されている。

キー・ワード

職場，職業性ストレスモデル，組織診断，自殺，事業場における心の健康づくり指針，セルフケア，ラインケア，心理テスト，傾聴，メンタリング，コーチング，OJT

1節　職場の中の人間関係

1　職場における「人間関係」についての歴史

　職場における「人間関係」が，職場の物理的な環境よりも生産性に大きく影響することを実験的に証明したのは，ホーソン実験であるといわれている。1924年から1932年にかけて，アメリカのWestern Electric社のホーソン工場（Hawthorne plant）において，メイヨー（Mayo, G.E.）とレスリスバーガー（Roethlisberger, F.J.）を中心とした学者によって行われたものである[4]。この実験の結果，生産性を高めることに関連があるのは，物理的環境条件（職場の明るさ）よりも，あるいは労働条件よりも，職場内の人間関係と監督者のリーダーシップなどによる働く意欲であることを示し，それまでの職場における人間理解に大きな影響を与えた。アメリカの働く職場，組織に関する学問的な理解については，「生産性向上」という働く人々の遂行能力（パーフォマンス）を指標とした行動心理学による人間理解，メンタルヘルスケアが主であった[5]。一方，日本においては，働く場の環境の「安全」，働く人々の作業の安全や能率をいかに管理していくかに主眼がおかれていた。時代の変遷について，日本において働く人々のメンタルケアについて行政の指針2000年「事業場における心の健康づくりに関する指針」が公示されたことは意義深いことである。これ以後，上司－部下，同僚との関係性を踏まえて，実際のメンタルヘルスケアが図られていくことが推進されている。

2　職場の人間関係の形成

　人々が「働く場」について産業・職業構造という見地から，大きく第一次産業（自然界にはたらきかけて採取・生産する），第二次産業（第一次産業が採取・生産した原材料を加工するような製造業，建設業，電気・ガス等），第三次産業（第一次，第二次に分類されない小売，流通，サービス業など）と3部門に分類される。平成17年度には，産業構造のうち第三次産業の占める割合が67.3％と大部分を占めるように変化してきた。第三次産業は対人間のサービスが多く，円滑な人間関係を築くことは，働く人々にとって大事なことである。では働く

場である会社組織における人間の役割，人間同士の関係について考えていくことにする。

　会社とそこで働く人々（社員）の間には基本的には「雇用契約」があり，その契約で結ばれている関係がある。仕事の内容の他に，会社（上司）は社員に対して「安全配慮義務」，一方社員は会社（上司）に対して「職務専念義務」，「自己保健義務」があげられている[4]。その両者の義務を側面から支援し，安全かつ健康上の危険を回避することを業務とする健康管理機関がある。「健康管理部門」といわれるような産業保健スタッフがいる（図7-1）。

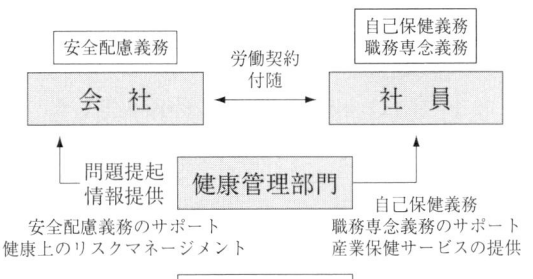

図7-1　職場の人間関係とメンタルヘルス活動

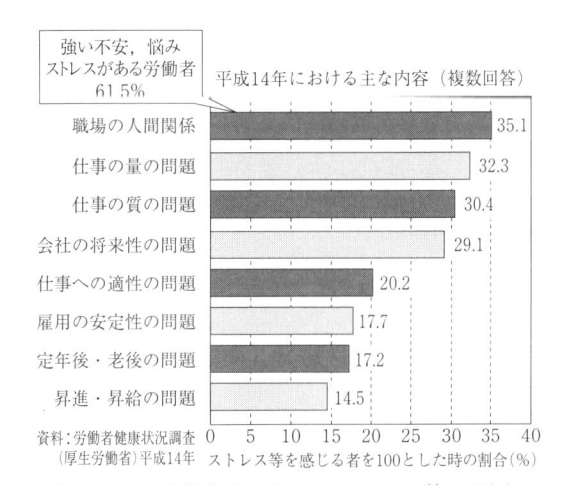

図7-2　職業生活におけるストレス等の原因

- 職場の人間関係　35.1
- 仕事の量の問題　32.3
- 仕事の質の問題　30.4
- 会社の将来性の問題　29.1
- 仕事への適性の問題　20.2
- 雇用の安定性の問題　17.7
- 定年後・老後の問題　17.2
- 昇進・昇給の問題　14.5

強い不安，悩み，ストレスがある労働者 61.5%

資料：労働者健康状況調査（厚生労働省）平成14年　ストレス等を感じる者を100とした時の割合(%)

　各職場では，上司，同僚といった人間関係が存在する。そして，その人間関係はそれまでのライフステージとは異なる人間関係，すなわち生来の家族関係や自分が選んだ友人関係とは異なり，一社会人として自立した職務遂行の共通意識を持った人間が相互の役割を通して構築していく関係であることが前提となる。

　平成14年労働者健康状況調査（厚生労働省）では職業生活について「強い不安，悩み，ストレス」がある労働者は61.5％にものぼり，そのストレスの原因となっているのは「職場の人間関係」であると35.1％が答えているのが現状である（図7-2）。

3　NIOSHの職業性ストレスモデル

職業性ストレスモデルは多数あるが，最も包括的なNIOSH (National for Institute Occupational Safety and Health：米国労働安全保健研究所) のモデルを紹介する (図7-3)。

ストレスの原因となる外からの刺激をストレッサーという。私たちは生きているかぎりさまざまなストレッサーに直面しているが，職場では，作業の質ならびに量的負担，快適ではない物理的環境や人間関係の問題などのストレッサーに曝されることがよくある。これらのストレッサーが大きくなると自分が気づかないうちに，多かれ少なかれ「疲れる」，「イライラする」，「仕事への不満」，「意欲の低下」，「出社困難」などの急性のストレス反応が生じる。そして，各個人が持っているストレスへの対処能力 (耐性) を越して，うつ病や胃潰瘍などのストレス病になってしまう。しかし，このストレス反応の大きさは個人によって個人差が存在する。たとえば年齢，性別，性格，能力などの個人的要因や仕事以外 (プライベートな生活) の要因，上司や同僚，家族からの支援 (社会的支援) の有無や大小によってストレス反応の大きさや健康問題の発生は大きな影響を受ける。社会的支援が得られることでストレス反応は軽減されたり，健康問題の発生を予防したりすることが調査研究で明らかになってきており，これらはストレス反応の「緩衝要因」とよばれている。

職場のメンタルヘルス対策を考える場合，このモデルを念頭におくことで，個人のストレスの気づきならびに組織としての具体的な配慮，支援が理解でき

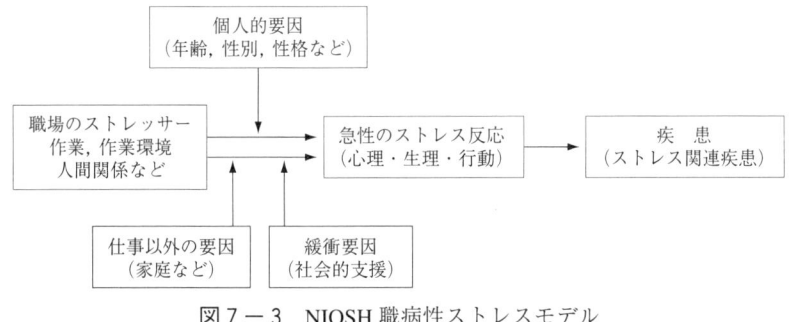

図7-3　NIOSH職病性ストレスモデル
原谷隆史，川上憲人，1999より作成[6]

る。職場や職場以外からのストレッサーを減らし，個人のストレス対処法やストレス解消法を強化し，上司や同僚からの支援を増すようにすれば，ストレス反応や健康問題の発生を減らすことができることになる。また，ストレス反応の段階で本人や上司（同僚），あるいは産業保健スタッフが気づいて相談にのったり，職務内容の調整を行ったりすることによって健康問題の発生を予防することができるようになる。

4　カラセックの仕事の要求ーコントロールモデル

カラセック（Karasek, R.A.）は職場における仕事の要求と仕事のコントロールとの組み合わせから，「仕事の要求ーコントロールモデル（job demandas-control modcl）」を提唱した（図7－4）。このモデルは作業負荷（仕事の要求度）と職務意思決定範囲（自由な裁量度）の2つの軸から構成されており，2つの軸によりストレスの高低を決定するものである[3]。すなわち，仕事の要求度が高く，自由な裁量度が低いとストレスが高い仕事となり，ストレス反応や疾病発症の危険度が高くなるのではないかと予測した。一方，仕事の要求度は低く，自由な裁量度が高くなることで仕事から受けるストレスは低くなるという方向性が考えられる。

さらにジョンソンら（Johnson, J.V., et al.）はカラセックモデルに上司や同僚，家族からの支援（社会的支援，サポート体制）を加えて「Extended Karasek Model」として3つの軸のdemands-control-supportと職場のストレスに人間関係が大きく影響することを示している。

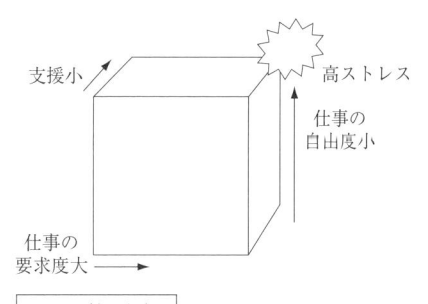

3つの軸で評価

・仕事の要求度
・仕事のコントロール度（仕事の裁量権や自由度）
・周囲からの支援

図7－4　職病性ストレスの評価
労働省平成11年度「作業関連疾患の予防に関する研究」
『労働の場におけるストレス及びその健康影響に関する研究報告書』より

2節　職場の現状

1　働く人々の自殺

　従来，日本全国の自殺者数は2万数千人で推移してきた（図7-5）。ところがバブル経済が崩壊して以来，急激に増加して1999年には3万3,048人となった。このうちの26%を占める8,618人は働く人々（労働者）の自殺である。それは中高年の男性が大部分を占めることから，一家の大黒柱であると思われる父親の自死に対して，残された家族は経済的な窮乏，父親を救えなかった自責感，家族の役割変化など，その後の生活に大きな影響を受けることとなる。

　一方，自殺者のうちの75%が何らかの精神疾患を抱え，その大半は「うつ病」であるとされている。うつ病は2週間以上，気分が落ち込んで，自分の周りのことに関心や興味が薄れ，食欲の減退あるいは過食，不眠，集中力の低下などを感じる。時によっては「自分が存在すること」が無意味だと思い，「死んだら楽になるだろう」と考えるようにもなる（うつ病については第10章参照）。

　しかし，労働者の自殺の背景について，詳細に調査した厚生労働省の委託研究報告では，1999年度から2002年度にかけて，過労やストレスで労災認定された自殺者104名のうち，追跡可能な51名を分析した結果，67%にあたる34名が

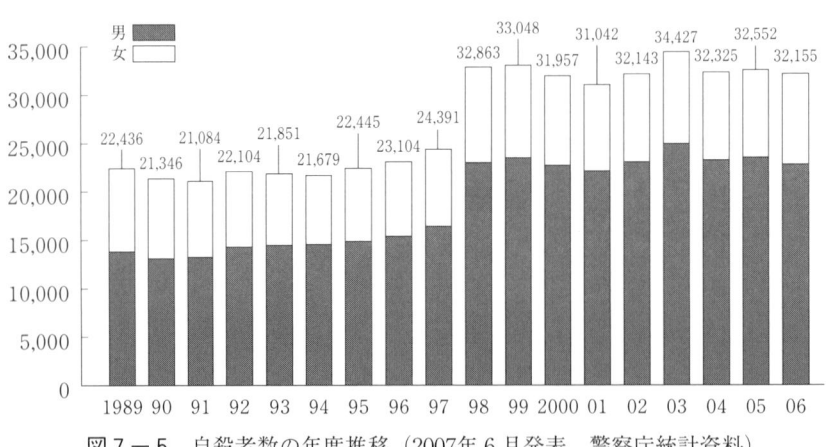

図7-5　自殺者数の年度推移（2007年6月発表，警察庁統計資料）

精神科や心療内科等を受診していなかった。すなわち自分が病気だと気づかずに自殺した人が多いことが示された[7]。うつ病は早い時期に適切に治療することが改善につながるものである。適切な治療を行い，ストレス対処・解消方法を納得して身につけることで，そのつらい状態から脱して，仕事や生活を再度楽しむことも可能である。また，働く人々の心の病といわれる精神疾患はいくつかあるが，ストレスが引き金となり，働き盛りの人が発症するのは，うつ病の他に不安障害（パニック障害）や心身症などがある。

2 燃えつき症候群（バーンアウト・シンドローム）

燃えつき症候群とは，手の施しようのなくなった麻薬中毒者に対して用いられていた言葉をアメリカの精神分析医フロイデンバーガー（Freudenberger, H.J.）が再定義したことに始まる[8)9)]。社会心理学者マスラーク（Maslach, C.）の定義によると「長期間にわたり人に援助する過程で，心的エネルギーがたえず過度に要求された結果，極度の心身の疲労と感情の枯渇を主とする症候群であり，卑下，仕事嫌悪，思いやりの喪失」である。医療，福祉，教育などのヒューマンサービス（モラル水準への期待度が高く，仕事への献身を美徳とされる職業）を専門とする人に比較的多く見られていたが，最近では仕事一筋の労働者，子育社会的にて専念の主婦にも起こっている。

サービスを受ける側と行う側との関係性を通じて質の高いサービスが行われるわけであるが，相手の思いを受けとめ，その相手の要求に適切に応えるということはとても複雑で，マニュアルどおりに行えばいいというものではない。ともすればサービスに対して適切な客観的評価が与えられることなく，自分自身の力の限界に向き合うこととなり，無力感，挫折感を味わうこともしばしば起こる。また，それまでに一つのことに打ち込み，高い目標に向かってきた人が，その目標が達成されなかった時の挫折感，あるいは達成された時にも目標を失った不安感，無力感に陥ることがある。この無力感，挫折感によって，やがて心も体も疲れ果ててしまい，仕事への意欲も失い，ついにはうつ状態へと陥ってしまう。

仕事の性質上，心理的ストレスをなくすことは困難であるため，燃えつきを防止する手だては，自分の中に心理的ストレスを溜め込んでしまわないことが

第一である。その有効な対策の一つは同僚のサポート，上司の理解を受けることである。ある病院では，職場が癒しの場になることを目指して，看護職仲間でカウンセリングし合う体制「ピアカウンセリング」が整えられている。ピアカウンセングの経験から，患者にサービスをすることを通して，自分も「日々成長する存在である」ことを認め，与える側だけではない自分を実感することも大切であるという[10]。

3　最近の労働安全衛生行政の動向

　働く人々を取り巻く現状に対して国は，心の健康に重点をおいた労働安全衛生行政の取り組みをここ10年間に推進してきた（表7－1）[4]。昨年2006年度に改正された労働安全衛生法の中で，過重労働により睡眠時間の短縮が余儀なくされ，その結果として臓，脳の循環器疾患ならびにメンタル不全という心身への影響が考えられ，その予防，保健指導の重要性が指摘されている。働く人々の心の健康問題について大きく取り扱われるようになったのは，厚生労働省が2000年8月に「事業場における労働者のこころの健康づくりのための指針」を策定してからである。事業所（雇用者）が労働者の心の健康保持と増進を図るために行っていくメンタルヘルスケアの具体的な推進方法を示したものである。表7－2に「4つのケア」を示した。「セルフケア」，「ラインによるケア」，「事業場内産業保健スタッフによるケア」および「事業場外によるケア」であるが，そのうちの「ラインケア」では管理監督者が日常的に接する社員に対して「ちょっといつもと違う」部下の様子を最初に察知することが重要であり，それが職場環境等の改善，個別の指導・相談につながることがメンタルヘルスケアに有効であるとした。

　しかし，近年，労働者の受けるストレスは拡大する傾向にあり，仕事に関して強い不安やストレスを感じている労働者が6割を超える状況にある。また，精神障害等に係る労災補償状況をみると，請求件数，認定件数とも近年，増加傾向にある。このような中で，心の健康問題が労働者，その家族，事業場及び社会に与える影響は，今日ますます大きくなっており，事業場においてより積極的に労働者の心の健康の保持増進を図ることは非常に重要な課題となっている。このため厚生労働省は，事業場におけるメンタルヘルス対策の適切かつ有

表7-1　メンタルヘルス関連の世の中の動向

1	心理的負荷による精神障害等に関わる業務上外の判断指針について
2	事業場における労働者の心の健康づくりのための指針について（2000.8.9）
3	脳・心臓疾患の認定基準の変更について（2001.12.12）
4	過重労働による健康障害防止のための総合対策（2002.2.12）
5	心の健康問題により休業した労働者の職場復帰支援の手引き（2004.10.14）
6	労働安全衛生法等改正（2005.11.2）
7	事業場における労働者の健康保持増進の指針 新メンタルヘルス指針（2006.3.31）

表7-2　4つのメンタルヘルスケアの推進
職場における心の健康づくり～労働者の心の健康の保持増進のための指針～

(1) セルフケア：労働者による（ストレスへの気づき，ストレス対処）
(2) ラインによるケア：管理監督者による
(3) 事業場内産業保健スタッフ等によるケア：産業医，衛生管理者等
(4) 事業場外資源によるケア：事業場外の機関，専門家による

効な実施をさらに推進するため，2000年8月の指針を踏まえつつ見直しを行い，労働安全衛生法第70条の2第1項に基づく指針として，2006年3月に新たに「労働者の心の健康の保持増進のための指針」を策定した。

3節　職場のストレスマネジメント

1節で職場のストレスについて説明をした。ストレスには，自分にとってよい刺激となる「よいストレス」や，逆に自分にとってプレッシャーであり，つらい気持ちに陥らせる「悪いストレス」がある。またストレスの多さ，少なさがその人の成長，発達に大きく関わる場合もある。いずれにしても，自分が受けているストレスについて「気づき」，「理解」して，それを「評価」して「対処」していくことが必要である。ストレスチェック他，個人の心理・身体的状態，対人関係や社会場面での個人行動パターンなどの性格的な側面を把握することを目的とした質問紙票を紹介する。

表7-3　職業性ストレス簡易調査票の構成

仕事のストレス（17項目）	心身の反応（29項目）	修飾要因（11項目）
仕事の負担（量）	活気	上司からのサポート
仕事の負担（質）	いらいら感	同僚からのサポート
身体的負担	疲労感	家族や友人からのサポート
対人関係	不安感	仕事や生活の満足度
職場環境	抑うつ感	
コントロール度	身体愁訴	
技能の活用		
適性度		
働きがい		

職業性ストレス簡易調査票を用いたストレスの現状把握のためのマニュアル
—より効果的な職場環境等の改善対策のために[11]—

1　ストレスの気づき，ストレスチェックの方法

①職業性ストレス簡易調査票

　職業性ストレス簡易調査票（57項目，4件法）の内容は「仕事のストレス要因」，「ストレス反応」，「修飾要因」3つから構成されている（表7-3）。各項目に対する回答は4件法（例：1＝そうだ，2＝まあそうだ，3＝ややちがう，4＝ちがう）によって採点される。

　各人のストレス評価について標準化得点を用いた方法では，調査票全57項目に対する回答から，各尺度に該当する項目の点数を算出し，その点数を5段階に換算して評価を行う。標準値は，約2.5万人（男性15,933人，女性8,447人）の種々の業種，職種の労働者のデータベースが基準となって作成されている（2004年12月現在）。

②仕事のストレス判定図（図7-6）

　職場のストレスの原因とされる仕事の量的負担，仕事の自由度（裁量権）および職場の支援についての質問票を職場単位で実施し，平均点を算出することによって，その職場のストレス状況およびストレスによる健康面へのリスクを全国平均と比較することによって客観観的な数値で評価できる。

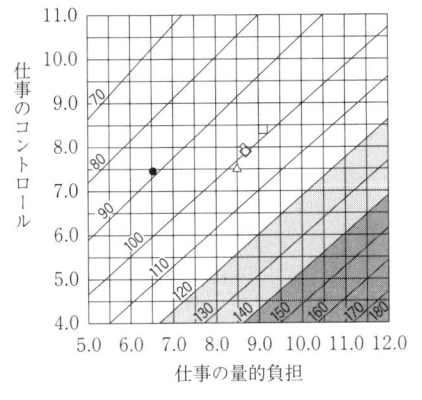

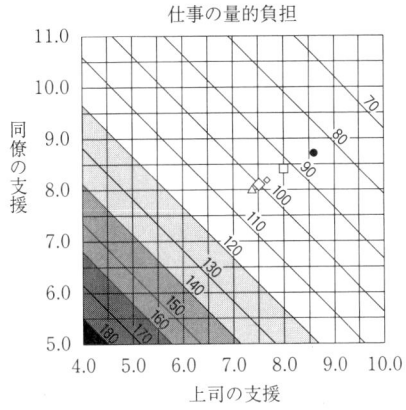

第7章 職場の中の人間関係　119

参考値

職場名	A	男性人数	7名	女性人数	0名
尺　度	平均点数	健康リスク（全国平均＝100とした場合）			
量的負荷	6.6	量ーコントロール判定図		総合健康リスク	
コントロール	7.4	(A)	89	(A)×(B)／100	
上司の支援	8.6	職場の支援判定図			
同僚の支援	8.7	(B)	84		74

図7-6　簡易調査用仕事のストレス判定図（例）

2　産業場面における心理テスト

① GHQ（General Health Questionnaire）

　英国精神医学研究所のゴールドバーグ（Goldberg, D.P.）が開発した。質問紙法による検査法で、主として神経症者の症状把握、評価および発見にきわめて有効なスクリーニング・テストである。目的に合わせて60項目版の他に30項目、28項目、12項目の短縮版がある。神経症の他、睡眠障害、社会的活動障害、不安と気分変調、希死念慮とうつ傾向が把握される。

② STAI（State Trait Anxiety Inventory）

　スピルバーガー（Spielberger, C.D.）らが作成した不安を測定するものである。「今まさにどのように感じているか」という状態不安と「普段、どのように感じているか」という特性不安の傾向をみる。状態不安と特性不安の各20項目の計40項目から成り、4段階で回答する。

③ POMS（Profile of Mood States）

性格傾向を評価するのではなく，その人の置かれた条件下（たとえば介入前後）で変化する一時的な気分，感情の状態を評価，測定するものとして，マクネイア（McNair, D.M.）が開発した。6つの気分（「抑うつ－落胆」「緊張－不安」「怒り－敵意」「活力－積極性」「疲労－無気力」「混乱－当惑」）を測定できる。質問項目は65項目，30項目版があり，回答は過去1週間の間に感じた気持ちを「まったくなかった」（0点）から「非常に多くあった」（4点）までの5段階で選択する。

④ SDS（Self-rating Depression Scale）

身体的な訴えから抑うつ状態の評定をするもので，ツンク（Zung）が作成した。質問項目は20項目であり，「めったにない」「ときどき」「しばしば」「いつも」の4段階で選択する。配点により，点数は20〜80点の範囲となるが，50点以上はうつ状態が顕著であると判断される。

⑤ その他

うつ病のスクリーニングテストとして，CES-D（The Center for Epidemiologic Studies-Depression Scale），SRQ-D（Self-Rating Questionnaire for Depression）などが，精神健康度の測定として使用されている。

3　ストレスの理解
－ストレス軽減のための傾聴，メンタリング，コーチング，OJTなど－

部下からの話の聴き方については，ロールプレイを取り入れた傾聴訓練が有効であり，管理職あるいは中間管理職セミナーで行われることが多い。

一方，新入社員あるいは職場異動の社員に対しては，新たに今まで経験していなかった業務に就くことは大きなストレスであるので，仕事内容について，上司，先輩，同僚からそのノウハウの適切な指導・教示を受けることが必要である。従来，会社における新人研修に代表される人材育成については，該当する集団を対象にして，セミナー講演，グループディスカッション実習などの方法で行われてきている。新入社員研修の他，入社3年目研修，中間管理職研修，管理職研修などである。しかし，最近は，企業において個々人に対する育成が必要であり，欧米のメンタリングやコーチングといった方法が取り入れられるようになった[11)12)]。

①傾聴訓練

　日頃から，部下の健康や生活に関心をもっていることによって，「いつもとは違う」部下の態度，様子の変化からストレスや心の健康問題のサインにいち早く気づくことができる。職場で円滑なコミュニケーションができていることが望ましいが，すぐにアドバイスが思いつかないまでも，必要に応じて個別面談の場を持ち，部下の話を聴く。耳を傾ける姿勢で，

(1)　批判，説教，説得をしない，
(2)　叱責・叱咤激励しない，
(3)　「わかる，わかる」と即座の反応を避ける

などを注意することが大切である。部下が口を開こうとしない場合は，必要なら同僚や家族から情報を集めることは可能であるので，無理に話を聞きだそうと焦らない。そして，傾聴にとどまらず，仕事の負荷によるストレスが考えられるならば，「仕事の見通し」を伝えるなど適切な情報提供や助言が有効である。疲労，身体不調などの自覚・他覚症状が認められる場合は産業保健スタッフに繋ぐことが必要になる。

②メンタリング

　メンタリングの語源はギリシャ神話「オデュッセイア（Odyssey）」の中でオデュッセウス王が自分の留守の間に自分の息子の教育を託した賢者の名前「メントール（英語ではメンター）」からきている。メントールは王の息子にとってよき指導者，よき理解者，よき支援者の役割を果たした。語源から示されるようにメンタリングとは長期的で全人的な育成を目的としており，同様に職場におけるメンタリングは経験の浅い社員を長い目で育成し，会社の将来を担う人材を育てることにある。メンタリングを行う人をメンター，メンタリングを受ける人をメンティと呼ぶ。メンターは直属の上司でないことが多く，人生の先輩，会社の先輩としてメンティの生き方，生き様にまで及ぶさまざまな相談にのることが多い。メンティのキャリア発達を援助することであり，同時にメンター自身の成長をも促がされることが，会社全体として人材のパワーアップにつながる。

③コーチング

　部下の個人的な能力や可能性を信じ，それぞれの個性を尊重しながら信

頼関係を築き，部下を自律型人材へと育てていくためのコミュニケーション・スキルである。コーチングは上司が部下の問題解決や目標達成を支援することに目的がある。すなわち，部下の個人的な能力を尊重して，その能力を可能なかぎり引き出して，起こった問題の解決を図る過程を重要視している。問題が起きた時に上司が部下にその対応のノウハウを教えるのではなく，部下が自ら答を出せるように，いろいろな側面から問題をとらえ，問題を整理していくことを促すように上司が質問をする。部下は上司の質問に答えながら，問題の本質を明確にして，解決策に気づくことになる。

その結果，コーチングされる側にとって，着実なスキルの向上を獲得し，それが達成感につながる。答えはいつも正解が一つとはかぎらない。あくまで，個人を尊重し，個人の考える力を育てることが前提にある。

④職場内教育 OJT（On-the-Job Training の略）

OJT は職場の上司や先輩が部下や後輩に対し，日々の実際の仕事を通じて，仕事に必要な知識・技術・技能・態度などを，意図的・計画的・継続的に指導して，積極的に修得させることを図るものである。仕事内容に加えて，社風や企業文化という明文化されにくい組織についての理解を深めていくことで，部下や後輩の職場への適応を図っていくことも重要である。

──────────〈演　　習〉──────────

職場でのストレスコントロール　－3つのR－
① Rest：休憩
② Recreation：気分転換
③ Relaxation：リラクゼーション
を日頃の勤務の中で心がけよう。

某精密器械製造会社では毎日，午後3時になると，全社一斉に「ストレッチ体操」の放送が入る。長時間にわたり，パソコンを使って設計をしていたり，書類作成をしたりしていた人や，ミスを起こさないように細心の注意しながら器械を組み立てていた人も，15分間休憩する。ストレッチ体操をすることで3つのRを図ろう。

まずは，準備段階の腹式呼吸をする。
①全身の力を抜いて，あごを少し引き，軽く目を閉じる。

②鼻からゆっくりと息を吸い込む。下腹部に空気が入って,ふくらんでいくようなイメージを持とう。
③吸い終わったら一瞬息を止め,ストローをはさんだように口を少し開き,そして,ストローを通して細く長く息を吐き出す。

ストレッチ体操をしているときも呼吸をとめることなく,伸ばすときには息を吐き出すことを忘れない！

座っている人のストレッチ体操

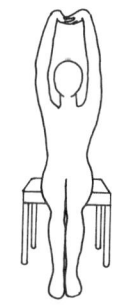

①腕・体側のストレッチ
指を組み手の平を外側に向け,頭上に伸ばす。

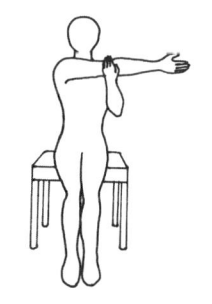

②肩・腕のストレッチ
腕を体の前に通して横に伸ばし,もう片方の手で肘を押さえて引き寄せる。

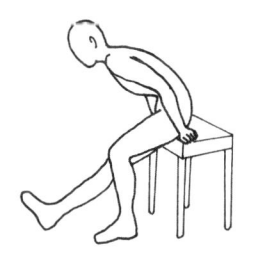

③脚の後ろのストレッチ
片方の脚を伸ばして足首を起こし,上体を前に倒す。

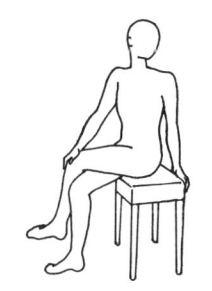

④腰・お尻のストレッチ
脚を組み,上になっている脚の方に上体をひねる。

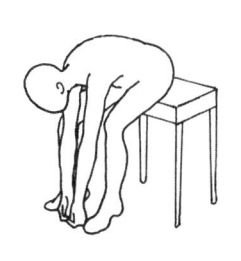

⑤腰のストレッチ
上体の力を抜き体を前に倒す。

(監修／南　昌秀　石川産業保健推進センター相談員　医学博士・労働衛生コンサルタント)

参考文献

1）国民衛生の動向　厚生の指標2006年度版　厚生統計協会
2）松井豊（編）　対人心理学の視点　ブレーン出版　2002
3）加藤正明（監修）日本産業精神保健学会（編）　産業精神保健ハンドブック　中山書店　1998
4）日本産業精神保健学会（編）　産業精神保健マニュアル　中山書店　2007
5）ルイス, J.A., ルイス, M.D.　中澤次郎（編訳）　EAP アメリカの産業カウンセリング　日本文化科学社　1997
6）原谷隆史・川上憲人　労働者のストレスの現状　産業医学ジャーナル　1999;22:23-28
7）市川佳居　EAP導入の手順と運用　かんき出版　2004
8）ゴートン, T.　近藤千恵（監訳）　医療・福祉のための人間関係論　丸善　2000
9）大段智亮　人間関係―看護・福祉・教育の探求―　川島書店　1978
10）小山望・河村茂雄（編著）　人間関係に活かすカウンセリング　福村出版　2001
11）大西守・廣尚典・市川佳居（編）　職場のメンタルヘルス100のレシピ　金子書房　2007
12）渡辺三枝子・平田史昭　メンタリング入門　日経文庫　2006

第8章　犯罪の心理

トピック

　1997（平成9）年神戸連続児童殺傷事件後（当時14歳の「酒鬼薔薇」少年事件。2005（平成17）年彼は出院し，社会復帰），「なぜ人を殺してはいけないのか」とか，「なぜ自殺してはいけないのか」，それがわからない若者が多くいるという風聞が立った。「わからない」と軽率にも主張する若者が，時代の寵児のような扱いをマスコミで受けたりもした。しかし，それも日本特有の一時の流行現象に過ぎず，真夏の夜の夢のごとく，はかなく終わっている。

　いつの時代もそうであるが，「犯罪とは何か」，それを人は考えるものだろうか。実は，考えない。だからこそ，犯罪が起こる。犯罪の抑止力の一つは，犯罪とは何かをしっかりと頭の中に刻むことである。端的に言えば，「犯罪とは刑法に違反する行為である」。『犯罪白書』による刑法犯の主要罪名[1]は，殺人，強盗，傷害，暴行，脅迫，恐喝，凶器準備集合，窃盗，詐欺，横領，背任，盗品譲受け等，強姦，強制わいせつ，公然わいせつ，わいせつ物頒布等，放火，失火，贈収賄，略取誘惑・人身売買，公務執行妨害，住居侵入，器物損壊，偽造，賭博・富くじなどで，他に特別法犯（ストーカー規制法違反，麻薬取締法違反等）などもある。ただし，犯罪概念は時代や社会によっても違う。

キー・ワード

暗数，非行の学校化，サイコパス，児童虐待，強姦，被害者参加制度

1節　犯罪者の心理と環境

1　犯罪の動向

『古事記』[2]に,この世の最初の夫婦神である伊耶那岐(イザナギ)の神と伊耶那美(イザナミ)の女神が結婚をして第一子を儲けた際,「子水蛭子(ヒルコ)を生みたまひき。この子は葦船に入れて流し去りつ」とある。さらに,島々を生成し日本の国土を固めた後,次々と神々を生んだ伊耶那美の女神が,火の迦具土(カグツチ)の神を生んだ際,陰部を火傷したため亡くなった。そのため,悲嘆した伊耶那岐の神が「十拳の剣を抜きて,その子迦具土の神の頸を斬りたまひき」とある。

捨てようが斬ろうが,いずれも子殺しの犯罪で,なんとも残酷かつ悲嘆な神話であるが,なにもそれは日本の神話だけに限らず,諸外国の神話でも大同小異である[3]。考えてみれば,人間は動物を殺すことにもよって,生き延びてきた。それゆえ,人間には殺しの遺伝子が連綿と生き続いているのであろうか。つまり犯罪は,人間がこの世に誕生して以降続けられてきているのであり,その動向は犯罪概念と同様,時代や社会によっても違う。図8－1[4]にあるように,刑法犯の認知件数は,戦後ほぼ増加傾向にあり,1948（昭和23）年,1970（昭和45）年,2002（平成14）年をピークに3波に分かれるが,2003（平成15）年からの減少はどのように推移するのだろうか。

平成17年の罪名別比は,窃盗が55.2％,交通関係業過27.4％,器物損壊6.6％,横領（遺失物等横領含む）3.1％と続く。刑法犯全体の検挙率は,昭和63年までは70％前後であったが,平成に入って減少し,平成17年は48.2％である。一般刑法犯検挙人員の年齢層別比は,14歳から29歳までの若年層が平成11年から減少し,平成17年にはほぼ半数になった。逆に60歳以上の高齢者が増加傾向で,同年には16.3％に達している。女子比は昭和21年以降増加傾向にあるが,平成7年からはほぼ20％弱で推移しており,平成17年は21.7％である。検挙人員中の再犯者率は平成7年から増加傾向にあり,平成17年は37.1％である。矯正や更生保護の処遇内容の検討が望まれる。

殺人の認知件数は,平成3年の1215件を底辺に,増減を繰り返しながら徐々に増加しており,平成17年は1392件,検挙率96.6％,検挙人員1338人,その内

暴力団構成員等は258人，19.3％，精神障害者等は121人，9.0％である。強盗の認知件数は，平成元年の1586を底辺に増加傾向にあり，平成15年の7664件をピークに減少しながらも，平成17年は5988件，検挙率は54.6％である。2004（平成16）年殺人の認知件数と検挙率の諸外国比は（米国以外未遂も含む），米国16137件，62.6％，ドイツ2480件，96.1％，フランス2097件，85.3％，英国1607件，82.5％，日本1508件，94.5％である。

　警察に認知されない犯罪の数を暗数と言う。「警察に届けない犯罪」，「気づかれざる犯罪」，「被害者なき犯罪」などが，それに含まれるが，犯罪の分化的接触理論を提唱したサザランド（Sutherland, E.H.）は，「ホワイトカラー犯罪」という言葉を唱え，社会的地位の高い者の犯罪も暗数化されやすいことを強調した[5]。このように暗数があるので，実際は認知件数以上の膨大な数の犯罪が起こっているとみられている。

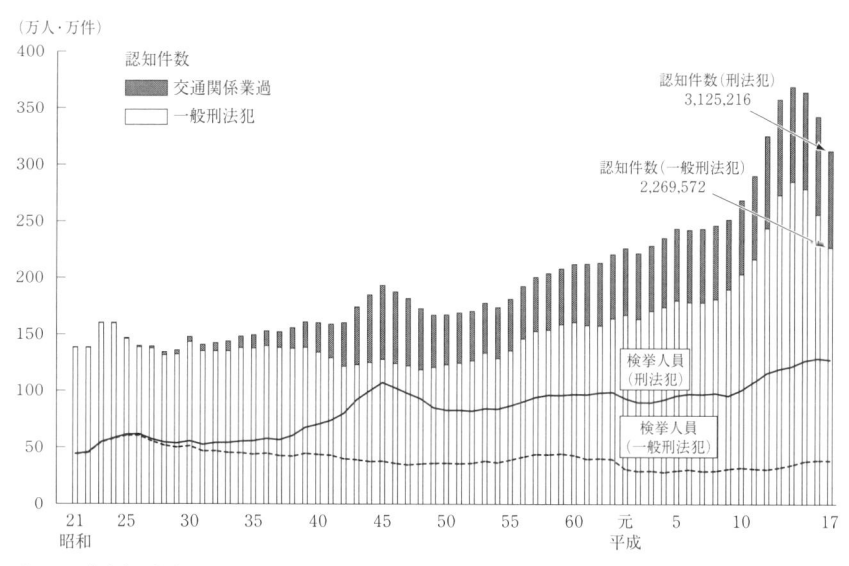

図8－1　刑法犯の認知件数・検挙人員の推移

2　犯罪の原因

「なぜ犯罪を犯すのか」，犯罪の原因を理論的に考察しようとする古典派犯罪学が18世紀後半に始まり，19世紀半ばから，それを科学的に分析しようとする実証主義犯罪学が始まった[6]。今や犯罪の原因などを考察した理論は数多い。その重要なものを図式化したのが，図8－2[7]である。犯罪の原因は，生物学的要因，心理学的要因，社会学的要因，それに刑事政策的要因が相互に相乗的に影響し合っていることは，今や自明の理である。図8－2にある理論の主だったものを，簡単に説明しよう。

マートン（Merton, R.K.）は「目標の達成と合法的な手段との間で生じた緊張状態をアノミー」とよび，そうなると，人は犯罪で目標を達成しようとすると言う。マートンは経済的な成功を目標と考えたが，アグニュー（Agnew, R.）やカレン（Cullen, F.T.）らは経済的な成功だけではなく，所属する集団で重要とされる目標にまで範囲を広げて論じた。サザランドは犯罪行動を学習する9つのパターンを提唱したが，「朱に交われば赤くなる」理論と言われた。それを発展させて，エイカーズ（Akers, R.L.）は犯罪を学習する過程を，犯罪を容認する信念を学習する過程など3つに分けて論じた。

タンネンバウム（Tannenbaum, F.）は「犯罪があるのではなく，レッテルを貼るから犯罪になる」と唱え，それを発展させて，マツエダ（Matsueda, R.L.）はラベリング概念に影響する自己評価の役割を論じた。ショウ（Shaw, C.R.）とマッケイ（Mckay, H.D）は「地域の共生関係が崩れ，地域の統制システムが崩壊すると，犯罪が増加する」と唱えた。ハーシ（Hirschi, T.）は「愛着の絆など4つの社会的な絆が犯罪を抑止する」という絆理論を提唱し[8]，加えて後に「セルフコントロールの欠如や弱さが犯罪を生む」と唱えた。

フロイト（Freud, S）は無意識に関する種々の理論化を行ったが，「快楽原則に従う無意識の心的エネルギーのエスを，自我や超自我が効果的にコントロールできないと，犯罪が起こる」と主張した。グリュック夫妻（Glueck, S. & Glueck, E.）は，時間や場所が変わっても一貫した行動に現れる性格特性に着目し，調査結果から，16個の反社会的な性格特性を抽出した。ヒーリー（Healy, W.）らは長年の調査研究の結果，行動の機能に注目し，犯罪も生活の行動の一部と見なし，「犯罪の原因は情緒の障害にある」と唱えた。精神力動

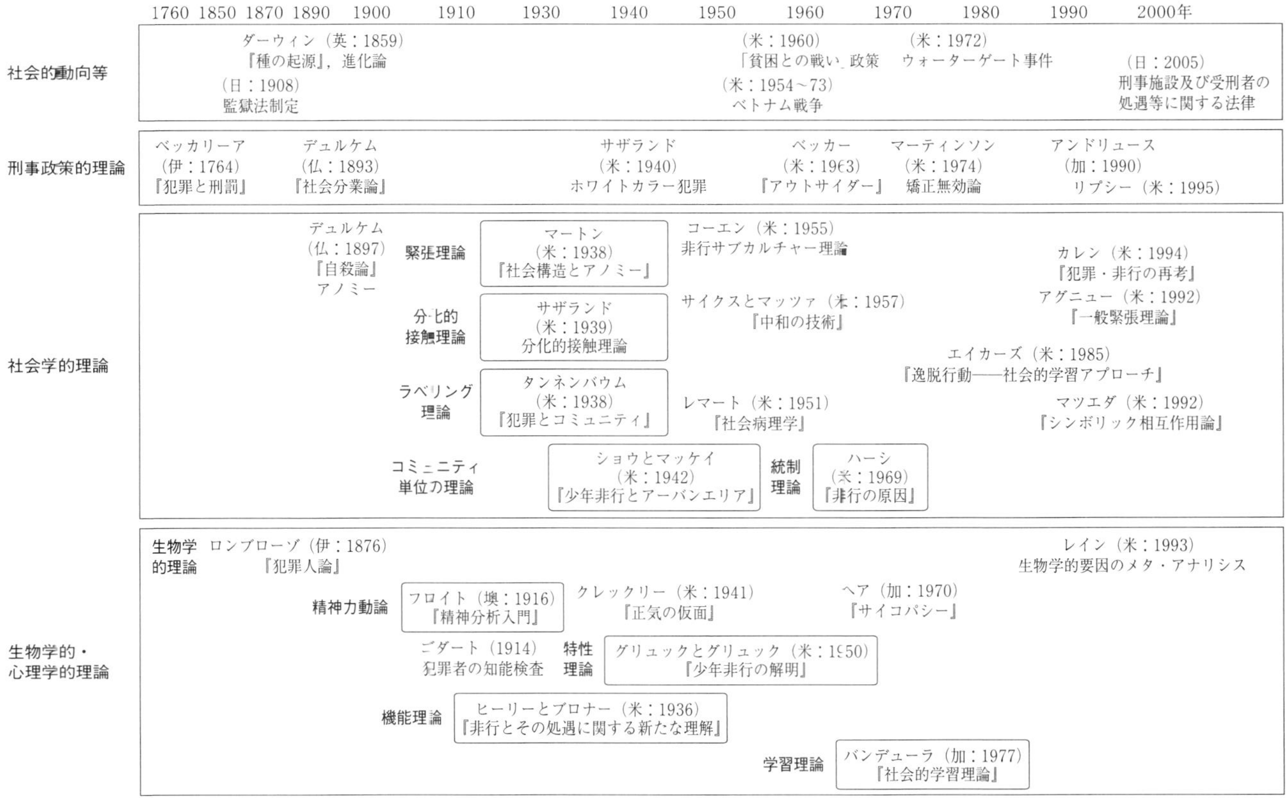

第8章 犯罪の心理

	1760 1850 1870 1890	1900	1910	1930	1940	1950	1960	1970	1980	1990	2000年

社会的動向等： ダーウィン（英：1859）『種の起源』、進化論／（日：1908）監獄法制定／（米：1960）『貧困との戦い』政策／（米：1954～73）ベトナム戦争／（米：1972）ウォーターゲート事件／（日：2005）刑事施設及び受刑者の処遇等に関する法律

刑事政策的理論： ベッカリーア（伊：1764）『犯罪と刑罰』／デュルケム（仏：1893）『社会分業論』／サザランド（米：1940）ホワイトカラー犯罪／ベッカー（米：1963）アウトサイダー／マーティンソン（米：1974）矯正無効論／アンドリュース（加：1990）、リプシー（米：1995）

社会学的理論：
- 緊張理論：デュルケム（仏：1897）『自殺論』アノミー／マートン（米：1938）『社会構造とアノミー』／コーエン（米：1955）非行サブカルチャー理論／サイクスとマッツァ（米：1957）『中和の技術』／エイカーズ（米：1985）『逸脱行動―社会的学習アプローチ』／カレン（米：1994）『犯罪・非行の再考』／アグニュー（米：1992）『一般緊張理論』／マツエダ（米：1992）『シンボリック相互作用理論』
- 分化的接触理論：サザランド（米：1939）分化的接触理論
- ラベリング理論：タンネンバウム（米：1938）『犯罪とコミュニティ』／レマート（米：1951）『社会病理学』
- コミュニティ単位の理論：ショウとマッケイ（米：1942）『少年非行とアーバンエリア』／ハーシ（米：1969）『非行の原因』統制理論

生物学的・心理学的理論：
- 生物学的理論：ロンブローゾ（伊：1876）『犯罪人論』
- 精神力動論：フロイト（墺：1916）『精神分析入門』
- 機能理論：ゴダード（1914）犯罪者の知能検査／ヒーリーとブロナー（米：1936）『非行とその処遇に関する新たな理解』
- 特性理論：クレッチマー（米：1941）『正気の仮面』／グリュックとグリュック（米：1950）『少年非行の解明』
- 学習理論：ヘア（加：1970）『サイコパシー』／バンデューラ（加：1977）『社会的学習理論』／レイン（米：1993）生物学的要因のメタ・アナリシス

注 英はイギリス、日は日本、米はアメリカ、伊はイタリア、仏はフランス、加はカナダ、墺はオーストリア。

図8-2 犯罪理論の見取り図（朝比奈、2207）

論と並び，犯罪研究に大きく貢献しているのが学習理論であるが，それは「犯罪も学習される」とする。バンデューラ（Bandura, A）は「犯罪もモデルを模倣することで学習する」というモデリング論を提唱し，後に犯罪を生む道徳的解放説も提唱した。

生物学的な要因研究としては，脳機能障害の研究，テストステロンなどの性化学的研究，ビタミン，ミネラル，低血糖症などの栄養素の研究，セロトニン，ノルエピネフリンなどの神経伝達物質の研究などがあり，それぞれ成果がある。

3　犯罪と環境

「環境犯罪学」という用語を命名したのは，1981（昭和56）年カナダのブランティンガム夫妻（Brantingham, P.J. & Brantingham, P.L.）である。「環境犯罪学」は1980年代後半から発展し，環境の犯罪誘発要因を分析し，犯罪防止策を提案している。主に以下の理論に分かれる[6]。

「防犯空間理論」には，住宅の高層化が犯罪を誘発するとし，犯罪防止策を提案したジェイコブス（Jacobs, J.）や居住環境の実態調査から犯罪防止の住空間を提案したニューマン（Newman, O.）などがいる。「防犯環境設計論」には，環境工学に基づき犯罪予防の環境設計をしたジェフェリー（Jeffery, C.R.）など，「状況的犯罪予防論」には，犯罪の機会を与える状況をなくす12個の予防策を提案したクラーク（Clarke, R.V.）など，「日常活動理論」には，日常生活で犯罪の機会を減少させるライフスタイルを提案したフェルソン（Felson, M.）などがいる。「破れ窓の理論」とは，1つの破れた窓の放置が地域の荒廃を生み，犯罪の増加を生むとするウィルソン（Wilson, J.Q.）らの主張である。

それらの知見の影響で，安全な街づくり計画の重要性が叫ばれ，地域住民の防犯活動，犯罪ボランティア活動，防犯カメラの設置，ホームセキュリティー・サービスなどが生まれている。日本の場合，交番制度が再認識されている。

4　プロファイリング

プロファイリングとは，「実証的なデータや専門的な知見に基づいて，人物像の特徴を分析することである」。FBI（米国連邦捜査局）の元捜査官，レス

ラー（Ressler, R.K）らの書物，『FBI心理分析官』[9]によって，それが有名となった。バートル夫妻（Bartol, C.R. & Bartol, A.M.）はそれを5つに分類している[10]。

① 心理的プロファイリング　第二次世界大戦中，敵国の首謀者をプロファイルするために，米国戦略情報局（CIAの前身機関）によって始められたが，1970年代初めからFBIによって発展した[11]。それはある人の幅広い行動特徴をプロファイルする。相手チームの選手の長短所なども含まれる。

② 犯罪者プロファイリング　犯罪の特徴に基づいて，犯人の性格特性，行動特徴などをプロファイルする。これは連続的な強姦や性的殺人など，性犯罪の捜査に有用とされる。2000（平成12）年日本初の犯罪分析プロジェクトチームが北海道警察本部科学捜査研究所に誕生している[12]。

③ 地理的プロファイリング　犯行場所の特徴に基づいて，犯人の居住地や次の犯行の場所などをプロファイルする。犯罪予防のために，犯罪発生マップを作成したりもする。これは連続暴力犯や侵入窃盗犯などの財産犯の捜査に有用とされる。

④ 変死分析　死者についてのプロファイルで，死者の認知や行動，恋愛などの特徴をプロファイルする。

⑤ 人種的プロファイリング　犯罪に関係する人の人種，民族，出身国を，犯罪と関連づけて重視する警察活動の特徴をプロファイルする。

2節　非行少年の心理と環境

1　非行の動向

非行とは以下のことを言う[1]。
(1)　14歳（刑事責任年齢）以上20歳未満の少年による犯罪行為。
(2)　14歳未満の少年による触法行為（刑罰法令に触れるが，刑事責任年齢に達しないため刑事責任を問われない行為を言う）。
(3)　20歳未満の少年のぐ犯。
　　a　保護者の正当な監督に服しない性癖のあること。
　　b　正当の理由がなく家庭に寄り付かないこと。

c 犯罪性のある人もしくは不道徳な人と交際し，またはいかがわしい場所に出入りすること。
d 自己または他人の徳性を害する行為をする性癖のあること。

そのいずれかの事由があって，その性格または環境に照らして，将来罪を犯し，または刑罰法令に触れる行為をするおそれがあると認められる行状を言う。

図8-3[1]にある少年刑法犯検挙人員の推移は，1951（昭和26）年がピークの第一波を「食うための非行」，1964（昭和39）年がピークの第二波を「繁栄社会の非行」，1983（昭和58）年がピークの第三波を「初発型非行」，あるいは「遊び型非行」とよばれている。2004（平成16）年からの減少は，第四波の形成につながるのだろうか。

一般刑法犯検挙人員の少年比は，平成11年以降成人比の増加に伴い減少し，

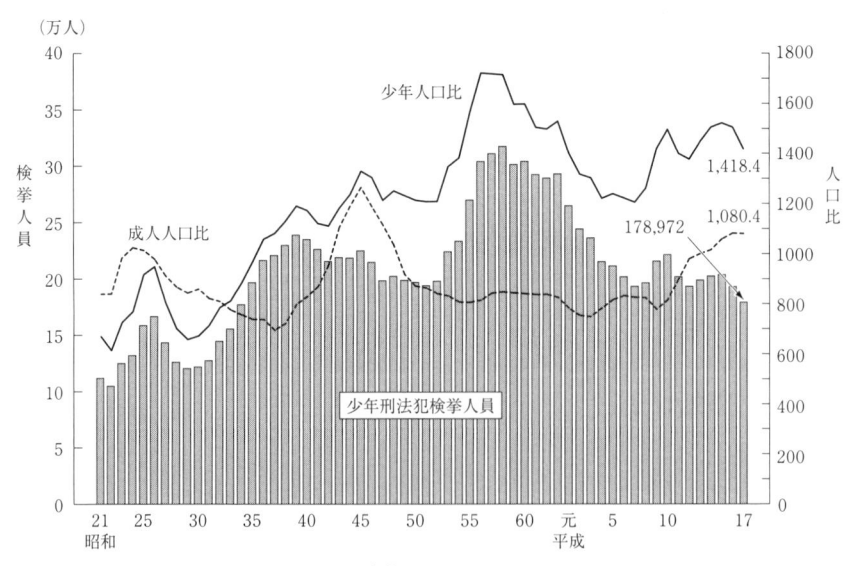

注 1 警察庁の統計及び総務省統計局の人口資料による。
2 触法少年の補導人員を含む。
3 昭和45年以降は，触法少年の交通関係業過を除く。
4 「少年人口比」は，10歳以上20歳未満の少年人口10万人当たりの少年刑法犯検挙人員の比率であり，「成人人口比」は，20歳以上の成人人口10万人当たりの成人刑法犯検挙人員の比率である。

図8-3 少年刑法犯検挙人員・人口比の推移

平成17年は32.2%，女子比は昭和21年以降増加傾向にあり，平成17年は7.7%である。年齢層別比は昭和59年以降順序は同じで，平成17年は年少少年34.4%，中間少年33.5%，年長少年17.9%，触法少年14.2%である。検挙人員中の再非行少年率は平成9年以降増加傾向にあり，平成17年は28.7%である。殺人の検挙人員は昭和40年代後半から増減はあるものの減少傾向で，100人前後で推移しており，平成17年は73人である。

近年動機などの理解の困難な，少年の特異な凶悪犯罪が発生している。背景には，複雑な家族関係や発達上・資質上の問題があるという[2]。

2 非行と家庭，学校

ハーンは「愛着の絆が非行を抑制する」と絆理論を提唱したが[8]，その論に待たずとも，以前から「家庭は犯罪のゆりかごである」と言われるように，家庭の重要性は誰にでもわかる。

2004（平成16）年少年院新入院者の保護者別比は[2]，男子は4771人の内実父母46.1%，実母30.1%，実父10.8%，実父養母・養父実母8.9%，女子は527人の内実母38.7%，実父母35.9%，実父12.5%，実父養母・養父実母7.4%である。非行時における家族との同居率は，男子は83.1%，女子は67.4%である。

家族と同居していても，また実父母がいても男子のほうが非行する率が高く，逆に同居しなくなると，また実父母のいずれかが欠けたり，どちらも欠けると，女子のほうが非行する率が高くなる。現在では家族がいることよりも，親の役割や家庭の機能が果たせるかどうかが重要だと言われている。

ディション（Dishion, T.J.）らは「慈しみ仮説」を提唱している[10]。それは，親の思いやり，親の子供への感情移入，親の正しい行動のしつけが，子供の非行を防止すると言う。

「非行の学校化」と言われて久しい。それは，学校の中での非行が多くなっている現象を言う。それにしても，米国の場合学校にいるほうが，自宅や地域社会にいるよりも，むしろ犯罪の被害に合う危険性が少ないと言う[10]。学校はアンビバレンスということになる。

ゴットフレッドソン（Gottfredson, M.R.）らは，学校は家庭よりも社会化の機関として，以下の点で有利だと言う[13]。①家庭より有効に行動を監視でき

るし，一人の教師が一時に多数の子どもを監督できる。②教師は一般に大抵の親と比べ，逸脱や分裂行動の認識に困難さがない。③学校は家庭と比べ秩序の維持に明確な関心を持つから，分裂行動をきちんと統制できると期待される。④学校は理論上家庭と同様，自己統制低下を罰する権威と手段を持つ。それゆえ，彼らは，親の支持がなくても学校教育の効果はあり，犯罪防止策の一つとして教師は宿題を出すことで，それは社会化の方策でもある「明日を考える」ことをさせるから有効であると言う。

　日本は1997（平成9）年頃から，学級崩壊が問題視されてきた[14]。それは学級内で一種の非行が行われていることになる。もはや宿題を出すことのみでは，「非行の学校化」を救えない状況にあると言えるのだろうか。

3　非行とパーソナリティ

　パーソナリティとは，「その人特有の一貫した認知，感情，行動の特徴のこと」で，その偏りが大きく，固定化して非適応的になっている状態をパーソナリティ障害（人格障害）と言う。パーソナリティ障害の研究は，犯罪者を医学的に研究することに端を発している。DSM-IV-TR によれば[15]，パーソナリティ障害は3群10タイプに分かれる。それは普通青年期か成人早期には顕在化し，ほぼ生涯にわたって持続する[16]。

　その中で，とくに非行・犯罪と関係があるのが反社会性パーソナリティ障害である。その診断基準は表8－1[15]である。その者は衝動性や攻撃性が高く，無責任で良心や共感性が欠如し，相手の権利を無視・侵害するので，非行・犯罪を犯しやすい。とくに暴力犯罪を犯す危険性が高い。女性よりも男性のほうが多く，米国の男性の3％，女性の1％に認められると言う[10]。

　その診断基準にあるように，その障害に先行する障害として行為障害がある。その障害は10歳未満かそれ以降に発症し，人や動物に対する攻撃，所有物の破壊，嘘や窃盗，重大な規則違反などを起こす。早期に行為障害を起こせば起こすほど，パーソナリティ障害に発展する可能性が高い。

　発達障害の中に，注意欠陥・多動性障害と反抗挑戦性障害という障害がある。注意欠陥・多動性障害（ADHD）は，普通の知能を持っているし，情報処理能力もあるけれども，不注意，多動性，衝動性という行動特徴が7歳以前には生

表 8－1　反社会性人格障害 Antisocial Personality Disorder

A　他人の権利を無視し侵害する広範な様式で，15歳以降起こっており，以下のうち3つ（またはそれ以上）によって示される。
　(1)　法にかなう行動という点で社会的規範に適合しないこと。これは逮捕の原因になる行為を繰り返し行うことで示される。
　(2)　人をだます傾向。これは繰り返し嘘をつくこと，偽名を使うこと，または自分の利益や快楽のために人をだますことによって示される。
　(3)　衝動性または将来の計画を立てられないこと。
　(4)　易怒性および攻撃性。これは身体的な喧嘩または暴力を繰り返すことによって示される。
　(5)　自分または他人の安全を考えない向こう見ずさ。
　(6)　一貫して無責任であること。これは仕事を安定して続けられない，または経済的な義務を果たさない，ということを繰り返すことによって示される。
　(7)　良心の呵責の欠如。これは他人を傷つけたり，いじめたり，または他人のものを盗んだりすることが平気であったり，それを正当化したりすることによって示される。
B　その人は少なくとも18歳である。
C　15歳以前に発症した行為障害の証拠がある。
D　反社会的な行為が起こるのは，精神分裂病や躁病エピソードの経過中のみではない。

じる障害である。その障害の最たる特徴は，自己コントロールの欠如である。反抗挑戦性障害は，拒絶的，反抗的，挑戦的な行動特徴を示す障害である。その障害は軽い破壊的な行動に止まらず，激しい怒りや暴力行為にまで発展しやすい特徴がある。DSM-IV-TR には，行為障害は，幼少期の注意欠陥・多動性障害から反抗挑戦性障害を経て発展し，将来その一部がパーソナリティ障害に発展すると位置づけられている[7]。

　1888（明治21）年ドイツの精神科医コッホ（Koch, J.）は，「サイコパス的劣等性」という用語を提唱した[10]。それは，宗教的，倫理的，文化的な社会の期待に応えることができない精神障害の兆候を意味した。それを発展させて，クレックレー（Cleckley, H.）は，犯罪傾向の著しいパーソナリティをサイコパスとよんだ。それは，平均または平均以上の知能があり，魅力はあるがうわべだけで，道徳観や倫理観を持たず，自己中心的で不誠実で，他人を愛する能力が欠如し，無責任で衝動的であり，「病的虚言者」と言われるパーソナリティである。

　サイコパスは普通精神障害の兆候を示さず，反社会性パーソナリティ障害と類似する特徴もあるが，そうでない特徴もある。また行為障害の既往がないサイコパスもいる。サイコパスは傷害，窃盗，詐欺，強姦，偽造という個人的な利益を得る犯罪を犯しやすい。サイコパスは客観的に自分を見る能力に欠ける

ため，冷淡で，逮捕されても，真の後悔を見せないし，再犯率が高い。米国では特にサイコパスの研究が盛んである[10]。

3節　学校と家庭の暴力

1　校内暴力といじめ

警察庁の統計によると[1]，校内暴力の事件数は，非行の第三波のピークである1983（昭和58）年2125件をピークに，検挙・補導人員は昭和56年10468人をピークに減少しており，近年は事件数は1000件未満，検挙・補導人員は1000～1500人台で推移しているが，平成17年は前年より増加し，事件数1060件，検挙・補導人員は1385人，その内中学生が1255人，高校生109人，小学生が21人，また対教師暴力の事件数は540件である。

文科省の公立学校の統計によると[17]，暴力行為は1980年代後半から増加しており，平成9年から調査方法を変更したため，軽度の行為も報告されるようになってより増加し，平成16年学校内の発生件数は30022件，発生学校数が5765校，全学校中の発生率15.3％，その内中学校が3366校，全中学校中の32.6％，高校が1734校，全高校中の42.4％，小学校が665校，全小学校中の2.9％である。

暴力行為とは対教師暴力，生徒間暴力，対人暴力，学校の施設・設備等の器物損壊を言う。事件になる件数は少ないが，実際には校内暴力は増加する傾向にあるので，校内に警察官の巡回を要請する自治体が出てきている。

文科省の同統計によれば，いじめの発生件数は1985（昭和60）年の155066件をピークに減少し，平成16年は21671件，全学校中の発生率19.7％，その内中学校が13915件，全中学校中の36.6％，小学校5551件，全小学校中の11.5％，高校2121件，全高校中の27.2％である。いじめの態様は，小中高とも「冷やかし・からかい」がいちばん多く，その次は小中高全体で，「言葉での脅し」，「暴力を振るう」，「仲間はずれ」，「持ち物隠し」の順である。小中高と上がるにつれ，「仲間はずれ」，「持ち物隠し」，「集団による無視」が減少する。

いじめの原型は近代の村落共同体の村八分に見出せると，礫川全次は言う[18]。そうだとしても，なにもいじめは日本だけの現象ではない。いじめは相手と戦

う前の欲求不満の吐血であり、倒錯的なサド・マゾ的な性快感に通じるものだけに、いじめられた側がいじめる側に回ることもある[19]。しかも、見ざる・聞かざる・言わざるという三猿主義だと、いじめは増大する。さらに、「いじめの潜在化」もあると言われる。それゆえ、いじめを解消することは困難であるけれども、いじめは犯罪であるので、全員で一致団結して早期発見に努め、いじめの傍観者も含めて、断固として粉砕する精神で指導することが大切である。

2 家庭内暴力

警察庁の統計によると[1]、少年による家庭内暴力の認知件数は、1983（昭和58）年の1397人をピークに減少していたが、平成12年に急増して以降は1200件前後で推移しており、平成17年は1275件、その内中学生が多く44.7％を占め、次が高校生である。暴力の対象は、母親が60.6％、家財道具等14.7％、同居の親族9.2％、父親8.7％、兄弟姉妹5.3％である。

家庭内暴力には、配偶者または内縁者の虐待、児童虐待、きょうだい間暴力、高齢者虐待、子どもから親などへの暴力などが含まれる。欧米では、配偶者または内縁者の虐待や児童虐待が問題であり、日本の場合は子どもから親などへの暴力が問題で、それは日本特有の現象と言われてきた。それには、父性の欠如が背景にあるとみられている。暴力を振るう子どもは、むしろ被害者意識が強く、罪責感に乏しいのも特徴である。

近年日本でも、児童虐待や配偶者または内縁者の虐待、高齢者虐待が多くなってきた。この点でも、日本は欧米化して来たと言えるだろう。

3 虐待

1946（昭和21）年米国の放射線科医キャフィ（Caffey, J.）が、多発性骨折症として臨床的に児童虐待を問題にしたのが最初とされる[20]。厚労省の調査では[17]、1973（昭和48）年児童虐待は26件であった。その後増加の一途をたどり、平成16年では児童虐待の相談件数は33408件、その内身体的虐待が44.5％、保護の怠慢ないし拒否36.7％、心理的虐待15.6％、性的虐待3.1％である。虐待された児童の年齢構成は、小学生が37.4％、3歳〜学齢前児童26.3％、0〜3歳未満19.4％、中学生12.5％、高校生・その他4.4％である。就学前の乳幼児が半数

近くを占め，非常に悲惨な状況にある。

児童虐待の一種で，代理ミュンヒハウゼン症候群と揺さぶられっ子症候群も問題視されている[10]。代理ミュンヒハウゼン症候群とは，両親か片親（母親が多い）が，子どもの症状を偽ったり，自分で子どもの症状を起こさせて，慢性的に治療を求めることを言う。揺さぶられっ子症候群とは，親（父親が多い）が子どもを強く揺さぶるため，子どもに頭部損傷が生じることを言う。また児童虐待を受けた子どもが，その後自殺や犯罪を犯すことが多いことも問題視されている。虐待をする親は冷酷で非人道的であるが，ペットに対しても同じ傾向があることが多い。

児童虐待には司法が介入する必要性が高まり，児童虐待防止法の改正により，2008（平成20）年4月からは家庭裁判所の許可を得れば，児童相談所が家庭内に強制的に立ち入り調査を行うことができるようになった。

高齢社会白書によれば[21]，平成15年高齢者虐待の被害者は女性が76.2%で，男性が23.6%である。被害者の年齢は70〜84歳が43.3%，85〜94歳34.3%，65〜74歳19.2%，95歳以上が3.2%である。加害者は息子が32.1%，息子の嫁20.6%，配偶者20.3%（夫11.8%，妻8.5%），娘16.3%である。これまた全く悲惨な状況にあり，児童虐待と同様司法の介入が望まれる。

4　DV（配偶者からの暴力）

警察庁による夫から妻への犯罪の検挙状況[22]は，殺人は120件前後で推移しているが，平成12年から傷害は急激に，暴行は徐々に増加し出し，平成18年は1294件と671件である。平成17年の内閣府の調査によれば[22]，配偶者からの暴力等の被害は，「何度もあった」人が女性10.6%，男性2.6%である。2001（平成13）年「配偶者暴力防止法」が施行され，翌年から配偶者暴力相談支援センターの業務が開始され，平成18年11月現在全国で171施設ある。そのセンターに寄せられた相談件数は毎年増加し，平成18年は58528件である。

その防止法は被害者保護に力点をおいているため，加害者対策が進まないと言われてきた。2008（平成20）年1月からは，その改正法で，裁判所が発令する保護命令制度の中の接近禁止命令と退去命令が施行された。しかし，加害者教育や処罰強化が実施されなければ，DVはなくならないという意見も多い。

4節　犯罪被害者の心理

1　PTSD（外傷後ストレス障害）

　トラウマ（心的外傷）とは，「衝撃的で危険な出来事に遭遇したために，強い不安感や恐怖感を体験し，そのためストレス反応として種々の心身の症状を呈すること」を言う。トラウマによる心身の後遺症として代表的なのが，PTSD（外傷後ストレス障害）とASD（急性ストレス障害）である[15]。

　ASDは，トラウマの出来事から4週間以内に起こり，最低2日間，最大4週間持続する不安症状や解離症状，覚醒の昂進，再体験するような苦痛感などを特徴とする。その症状が4週間以内におさまる場合を言う。

　PTSDは，再体験するような症状，トラウマと関連した思考などを回避しようとする症状，感情の麻痺症状，覚醒の昂進症状などが1カ月以上続き，そのため，社会生活に機能障害が起こることを特徴とする。症状が3カ月未満の場合が急性型，3カ月以上の場合が慢性型，6カ月過ぎてから発症するのが遅延型である。原因となるストレス状況とは，戦闘，暴行，強姦，虐待，誘惑，人質，拷問，監禁，テロ，自然災害，人災，交通事故などである。

　1995（平成7）年阪神・淡路大震災による，仮設住宅に住む住民調査では，4年後のPTSDは9.3％である。日本では自然災害によるPTSD発症率は1～2割程度と推測されている。自然災害によるPTSDの発症リスク要因は，被害に関係することとして客観的被害が重いこと，死の危険にあったこと，重傷を負ったこと，社会的なこととして人為的な災害，開発途上国で生じたこと，災害後の心理社会的資源の乏しさなどがある[12]。

　自然災害の被災者の心理は茫然自失期（災害発生後数時間から数日間），ハネムーン期（数日後から数週間または数か月），幻滅期（数週間後から年余）と変化する。それぞれ災害対策と被災者ケアの中身は変えなくてはいけない。金吉晴らは急性期と中長期に分けて，その対策とケアを提言している[23]。

2　性犯罪

　強姦の認知件数は，戦後最高の1964（昭和39）年の6857件をピークに減少し

てきたが，平成 8 年1483件を底辺に少し増加し始め，平成17年は2076件，検挙率69.5%である[1]。検挙率は昭和21年以降90%前後で推移してきたが，平成11年以降低下傾向にある。検挙人員比は，成人は1000人前後で増減を繰り返し，少年は平成11年31.2%のピーク後減少傾向にあるが，平成17年は成人932人，少年は153人，14.1%である。発生場所は住宅が40%強で多く，次がその他（自動車内，ホテル・旅館等，学校など），屋外（道路，駐車場，空き地など）と続く。

平成17年被害者の年齢別比は，20〜29歳が43.9%，13〜19歳38.7%，30〜39歳8.8%，6〜12歳3.5%，40〜49歳2.6%，50〜59歳1.6%，60歳以上1.0%である。被害者と被疑者の関係別比は面識なしが60%ほどで多く，次が面識あり，親族と続く。面識ありと親族とで，40%ほどになるが，増加傾向が続いている。

2004（平成16）年強姦の認知件数の諸外国比は，米国94635人，イギリス14042人，フランス10506人，ドイツ8831人，日本人2176人である。米国では男性は戦闘体験への曝露，女性は強姦と性的いやがらせが，最も PTSD を引き起こしやすいトラウマ体験とみられている[23]。

『犯罪白書』では[1]，性犯罪者類型を 5 タイプに分類している。

①単独強姦タイプ
②集団強姦タイプ
③わいせつタイプ　強制わいせつのみの単独犯
④小児わいせつタイプ　被害者に13歳未満者を含み，強制わいせつのみの単独犯
⑤小児強姦タイプ　被害者に13歳未満者を含む。

受刑者の類型別比は単独強姦タイプが半数以上を占め，次が集団強姦タイプ，わいせつタイプの順である。集団強姦タイプは犯行時30歳未満の者や初回入所者の比率が高く，小児わいせつタイプは性犯罪前科のある者や知能の低い者の比率が高い。

強姦は最も卑劣な犯罪の 1 つで，それゆえ暗数も多く，認知件数は氷山の一角に過ぎない。警察などに訴えるかどうかにかかわらず，トラウマが生じ，PTSDになる危険性が高い。「デートレイプ」，「知人レイプ」，「行きずりレイプ」，「夫婦間レイプ」というイメージしやすい分類もある[24]。今日では女性が男性に行う強姦，同性間の強姦もあるとみられている。諸外国では性犯罪者の登録

と地域社会への通知を法的に義務づけたところも出てきている。

3 被害者と裁判員制度

「被害者学」は第二次世界大戦終了前後に始まった。米国に亡命したドイツ人のヘンティッヒ(Hentig, H.V.)が，1948(昭和23)年に被害者にも注目することを提唱して以降発展した。日本では1974(昭和49)年の三菱重工ビル爆破事件を転機に，犯罪被害者対策が注目されるようになり，2005(平成17)年4月から，損害回復・経済的支援等への取り組みなど，5つの課題が設定された「犯罪被害者等基本法」が施行され，被害者とその家族・遺族が保護されるようになった[25]。また被害者・遺族が刑事裁判で，被告人への質問や求刑の意見を述べることができる「被害者参加制度」が，2008(平成20)年12月までに実施される。

被害者は被害に遭った一次被害だけではなく，ウォルフガング(Wolfgang, M.E.)が主張した，警察など周囲の無配慮な対応によって生じる精神的苦痛である二次被害，二重の苦痛を負ったまま適切な対応がなされないことから生じる三次被害を被ることもある。強姦の場合三次被害を「セカンド・レイプ」とも言われる。今ではこうした被害者のケアとして，民間の被害者支援センター，警察の被害相談窓口，地方検察庁の被害者支援員制度などで支援にあたっている。しかし，損害の弁償，調停・和解，被害者補償，民事補償，関係修復的司法などの被害回復の諸問題が山積している[5]。

一方裁判員制度が2009(平成21)年5月までに始まる[26]。それは地方裁判所で行われる刑事裁判に国民が裁判員として参加し，裁判官と一緒に審理・評議し，判決をする制度である。原則的には裁判員6人と裁判官3人で行う。その趣旨は「司法に対する国民の理解の増進とその信頼の向上に資すること」にある。裁判員の辞退，裁判員のプライバシー，裁判が終了すれば一市民に戻る裁判員と犯罪者や被害者との関係など，被害者ケア以外の検討課題が山積している。

5節 社会と暴力団，戦争

暴力団構成員等の一般刑法犯検挙人員は，1976(昭和51)年の40000人弱を

ピークに減少し，平成17年は18629人，その比率は4.8％である[1]。比率が高い罪名は，逮捕監禁52.3％，賭博47.7％，恐喝40.7％，脅迫35.7％，殺人19.3％である。暴力団構成員等の人員は平成16年がピークで，平成17年は86300人，その内著名な3団体で約76％を占める。その3団体も含めて，21団体が指定暴力団として指定されている。

　暴力団という用語は昭和30年代から，警察やマスコミで使用されるようになった。その頃はヤクザ（室町時代のかぶき者から発し，主に博徒の意で，賭博の寺銭などが収入源），的屋（露店商の一部で，香具師とも言う），愚連隊（第二次世界大戦後のチンピラ）が暴力行為で経済活動を行い，対立抗争の繰り返しが激しくなった時期である[5]。

　暴力団のような逸脱集団は日本だけではなく，イタリアのマフィアなど諸外国にもある。世界的に暴力団は非合法的な営利事業・販売事業，企業暴力，民事介入暴力，合法的企業の標榜という知能犯罪などに進出している[27]。

　暴力団はなぜなくならないのか。①時の支配勢力が暴力団を利用したこと，②法治国家に内在する揉め事などの解決に暴力団を利用するなどの社会構造，③ギャンブルなどの反社会的な娯楽を求める人間の本能というような問題点があるので，なくならないのではないかと言う[5]。

　有史以来5600年間，人間は14600回，1年に2.6回の割合で戦争をしてきた[10]。戦争と社会発展との関連については，戦争を社会発展に不可欠なものとみる肯定的立場と戦争は人類進歩に逆行し，やがて将来消滅すべきものとみる否定的立場との2つが研究者間で対立している[28]。戦争を欲する人もいるが，欲しない人もいるわけである。

　バロン（Baron, L.）らは国家の暴力（戦争など）が犯罪を引き出すという「零出理論」を主張した。参戦国群は非参戦国群よりも，戦前より戦後の殺人率が上昇したという研究もある[29]。また第二次世界大戦中，米国兵士の15～20％しかライフル銃で敵に発砲しようとしていない。しかも敵に遭遇したとき発砲しても，兵士の圧倒的多数が威嚇段階のように敵の頭上めがけて発砲した。そのとき発砲しない兵士もいた。だから，「同類である人間を殺すのをためらう傾向は，戦争の歴史を通じてつねにはっきりと現れている」とグロスマン（Grossman, D.）は言う[30]。さらに加えると，戦闘が6日間続くと，兵士の98％がなんらか

の精神的被害を受けているようであり,戦争によるトラウマは強烈である。

にもかかわらず,第二次世界大戦時に米国兵の15～20%だった発砲率が,陸軍の訓練によって,朝鮮戦争では55%に上昇し,さらにベトナム戦争では90～95%に上昇したようである。影山任佐は軍隊を「殺人学校」とよんでいる[29]。かつてアイブル・アイベスフェルト(Eibl-Eibesfeldt, I.)が,エリクソン(Erikson, E.H.)の言う基本的信頼感が愛と安心を生み,平和な人間社会を築くことになるので,つまりそれは戦争の抑止力になるゆえ,家庭教育が大切であると主張した[31]。喜劇王のチャップリン(Chaplin, C.)が,1947(昭和22)年『チャップリンの殺人狂時代』の映画のラストシーンで,保険金殺人の主人公(チャップリンの演技)に託して,「1人を殺すのは殺人者で,百万人を殺す者は英雄なのか」と,有名な台詞で反戦を訴えた[32]。しかし,家庭は今や崩壊の危機にあり,戦争は依然として続いている。「人間,不思議な存在」である。

―――――――――〈演　習〉―――――――――

1　「あなたはこれまで,何か犯罪の被害にあったことがありますか?」

2人1組,あるいは3～4人の小集団に分かれて,お互いにその体験を話し合う。その時大切なことは,いろいろな批評をせずに,まず相手の被害感情を受容することである。お互いに体験を話し合った後は,その犯罪に対する対策を,個人的なことと社会的なことに分けて,考え合うとよい。

2　「あなたはこれまで,自然災害にあったことがありますか?」

3～4人の小集団に分かれて,お互いにその体験を話し合う。その時大切なことは,体験者から体験を踏まえた予防法を教えてもらうことである。同時に聞く側も予防法を考えるとなおよい。

引用・参考文献

1) 法務省法務総合研究所(編)　平成18年版犯罪白書　2006
2) 武田祐吉(訳注)　新訂古事記　角川書店　1977
3) 山室静　ギリシャ神話〈付 北欧神話〉　社会思想社　1981
4) 法務省法務総合研究所(編)　平成17年版犯罪白書　2005
5) 守山正他　犯罪学への招待　日本評論社　1999
6) 瀬川晃　犯罪学　成文堂　1998
7) 藤岡淳子(編)　犯罪・非行の心理学　有斐閣　2007
8) ハーシ, T.　森田洋司他(監訳)　非行の原因　文化書房博文社　1995

9) レスラー，R.K. 他　相原真理子（訳）　FBI心理分析官　早川書房　1994
10) バートル，C.R. 他　羽生和紀（監訳）　犯罪心理学　北大路書房　2006
11) ジャクソン，J.L. 他（編）　田村雅幸（監訳）　犯罪者プロファイリング　北大路書房　2000
12) 日本応用心理学会（編）　応用心理学事典　丸善　2007
13) ゴットフレッドソン，M.R. 他　松本忠久（訳）　犯罪の基礎理論　文憲堂　1996
14) 市川昭午（編）　教育改革の論争点　教育開発研究所　2004
15) 米国精神医学会（編）　高橋三郎他（訳）　DSM-IV-TR　精神疾患の分類と診断の手引　医学書院　2002
16) スペリー，L. 他（編著）　一ノ渡尚道（監訳）　精神病理と心理療法　北大路書房　1997
17) 内閣府（編）　平成18年版青少年白書　2006
18) 礫川全次他（編著）　いじめと民俗学　批評社　1994
19) 加藤義明他（編著）　入門児童心理学　八千代出版　1989
20) 小此木啓吾他（編）　精神医学ハンドブック　創元社　1998
21) 内閣府（編）平成18年版高齢社会白書　2006
22) 〃　平成19年版男女共同参画白書　2007
23) 金吉晴（編）　心的トラウマの理解とケア　じほう　2001
24) ホームズ，R.M. 他　影山任佐（監訳）　プロファイリング　日本評論社　1997
25) 内閣府（編）　平成18年版犯罪被害者白書　2006
26) 最高裁判所　裁判員制度　2005
27) 星野周弘他（編）　犯罪・非行事典　大成出版社　1995
28) 大橋薫他（編）　社会病理学用語辞典　学文社　1984
29) 影山任佐　テキストブック殺人学　日本評論社　1999
30) グロスマン，D.　安原和見（訳）　「人殺し」の心理学　原書房　1998
31) アイブル・アイベスフェルト，I　日高敏隆他（訳）　愛と憎しみ1，愛と憎しみ2　みすず書房　1974
32) 文藝春秋（編）　大アンケートによる洋画ベスト150　文藝春秋　1988

第 9 章　心と身体(からだ)

トピック

　この章の目的は，身体に着目しながら，人の心について理解することにある。

　日常生活を少し振り返ってみよう。私たちは，初対面の相手の心をどのように理解しているだろうか。相手を理解する最初の手がかりは，顔の表情，声色や声の張り，服装，何気ないしぐさ，姿勢，距離の取り方，全身がかもし出す雰囲気などにあるだろう。これらはすべて，相手の身体から発せられているシグナルである。言葉にならない次元で交わされるコミュニケーションなので，非言語コミュニケーションともよばれる。人の心を理解するうえで，もっとも素朴な手がかりは，身体性の次元にある。

　心理学者メーラビアンは，興味深い数字を示している。他者が自分に対して好意を持っているかどうかを判断する際，人は93％の比率で，非言語情報に依拠しているというのである（93％の内訳は，表情が55％で声が37％だ）。これが本当だとすると，言葉になっている情報は，わずか7％しか私たちの判断に影響を与えていないことになる。相手の気持ちを推し量るとき，私たちはもっぱら，顔色や声のトーンのほうに注意を向けているのだ。

　では実際のところ，身体性に目を向けることで相手の気持ちはどこまで理解できるのだろうか。これが，本章の各節に通じるテーマである。

キー・ワード

身体イメージ，拒食症，身体境界（身体像境界），パーソナル・スペース，非言語コミュニケーション，身体動作，無意識の身体表現，向き，姿勢

1節　身体のイメージ

1　身体イメージとは

人は，自分の身体についてのイメージを，心の中に持っている。これを身体イメージという。たとえば，誰でも背の高さや体の横幅など，自分の体型とシルエットを想像することができるはずだ。私たちはまた，鏡に映っている自分の姿を見て違和感を抱くこともある。気づいたら髪の毛が伸びていた，試着室に映った自分の身体は思ったより太っていた，といった経験である。これは，心の中にある身体イメージと，鏡に映った現実の身体とがうまく一致しないために起こるものだ。

身体イメージの存在は，普段それほど強く意識されないが，実は思いのほか強固なものである。幻肢のような現象からもそれは明らかだ。人は，手や足の一部分を事故で失ったり，切断したりすると，そこにありありとした幻覚を感じる。これを「幻の手足」という意味で幻肢とよぶのだが，手や足が確かにまだ実在しているように感じるのである。事故や手術によって，突然手足の一部を失った場合，90％以上の高い頻度で人は幻肢を経験する。肉体はもう存在しなくとも，身体イメージのほうは残存し続けることがあるのだ。

実際の身体イメージは，いくつかのチャンネルを通じて生み出されている。人は，鏡・写真・映像を通じて自分の姿を確認することができるし，他者との比較から，自分の身体の特徴を知ることができる。身体を動かせば，動作感覚を通じて自分の身体を把握することもできる。視覚的な追認，他者との比較，内的感覚からのフィードバック等を通じて，私たちは自分自身の身体のイメージを思い描く。こうして，身体イメージは，つねに一定の範囲で現実の身体と緩やかに重なっているのである。

2　現代的な身体イメージ

身体イメージに関しては，現代に特有の現象がある。やせていてスマートな体型が好まれる傾向が，とくに若い女性たちの間で著しいことだ。10代後半〜30代女性の大半は，ダイエットの経験があり，やせ願望を抱いていると言われ

る。若い女性たちの間で「魅力的」とされる体型は，標準体重マイナス7～8kg程度であるとの指摘もある。おそらく，ファッションモデルのような八頭身のスマートな体型が，多くの女性にとって理想の身体イメージに近いのだろう。男性の場合でも，ここまで極端ではないものの，メタボリック・シンドロームなどの話題を通じて，年々スリム指向が浸透しつつある。

　ところで，こうした時代の徴候を鋭敏に映し出している病がある。拒食症である。拒食症（神経性食欲不振症）は，心身症の一種で，身体の症状を主としているが心理的要因を無視できない病だ。やせ願望が社会全体に広がりはじめた1970年代ごろから，拒食症の患者が増加したと言われている。

　患者は，やせたいと思うあまり食べることを拒否するようになり，実際に体重が極端に減少してゆく。身体症状としては，極度のやせ（標準体重の80％未満），基礎体温の低下，低血圧，低カリウム血症，無月経などを呈し，重症の場合は死亡することさえある。患者は，青年期の未婚女性が大半だが，まれに男性もみられる。無理なダイエットが引き金となって，過食や過食嘔吐（大量に食べて吐き出す行動）を経て拒食症に至ることが多い。ちなみに，過食症と拒食症は，合わせて「摂食障害」とも分類される。

3　身体イメージの障害としての拒食症

　拒食症は，心理的側面が発症に大きく関与している。とくに身体イメージの障害がはなはだしい。患者の心の中にある身体イメージと，現実の身体とが大きくズレているのである。具体的には次のような状態である。

(1) 理想の身体イメージの極端化…患者はしばしば，「細くてもろくて折れそうな体が美しい」とか，「骨ばっていて硬質な体つきが美しい」と信じている。極限までぜい肉がそぎ落とされ，骨と皮だけしか残らないような極端な体型を，理想の身体イメージとして思い描いている。

(2) 身体の認知障害…実際にはガリガリになるまでやせ細っていて，周囲がそれを指摘しても，受け容れようとしない。むしろ本人は「まだぜい肉がついている」と感じる。視覚的にも体感的にもそう感じており，適正な身体イメージを形成することが困難になっている。

(3) 肥満への恐怖…体重が増加すること，体型やシルエットが膨張すること

に強い恐怖感を持っている。逆に，体重が減少すること，体型が細くなっていくことに強い満足を感じる。体型をコントロールし，身体イメージをスリム化することに，自己満足や優越感を抱いている。

以上の特徴からわかるように，拒食症の患者は，自己の身体に過剰な関心を向けている。しかもその際，「スリムな体つきが美しい」とする現代的な価値観が極度に増幅され，自己の身体を評価する視線に深く入り込んでいる。他者の目に映る自己の身体に異常にこだわり，もともとの自然な身体イメージが歪んでいった結果が，病理になって出現しているのである。

4　心身の健康と身体イメージ

身体イメージの障害が見られるのは拒食症だけではない。紙数の都合で省略するが，シルダー（Schilder, P.）が指摘したように，離人症，統合失調症，ナルシシズムといった心の病においても同様である[1]。心の健康は，適正な身体イメージによって支えられているところが大きいのだ。

身体はもともと，自分自身の目や感覚で確かめられるものであると同時に，他者の視線にさらされているものでもある。身体イメージも，自分にとっての身体と，他者から見られる身体，両者が分かちがたく結びついて形成されている。それだけに，他者の身体と比べたときの劣等感，他者の視線にさらされたときに生じる恥の感情，平均的な体つきとは違うという不安など，ネガティヴな感情と結びつきやすい。安定した身体イメージを持つことは，なかなか難しいことなのである。とくに思春期のように，肉体的な変化が著しく，周囲の目が気になる時期においてはなおさらである。

適正な身体イメージを持つには，自己の身体をありのままに見つめ，受け容れることが必要だ。逆説的だが，人はこれをなし遂げようとして，実にさまざまなやり方で身体を変形する。派手な衣服や高級な衣服で着飾ったり，メガネをかけて知的な印象を与えようとしたり，アクセサリーや香水でいつもと雰囲気を変えようとしたり，薄毛を覆い隠そうと躍起になったり。

これらはすべて，自己の身体について他者からポジティヴなフィードバックを得ようとする試みになっている。他者からポジティヴな評価を得てはじめて，人は自己の身体を正当に受け容れることができるようになるのである。身体イ

メージは，自己評価と他者評価が均衡するポイントででき上がっているのだ。

2節　身体の境界と距離

1　身体の内側と外側

　身体の内側と外側を区切る境界線は，一般に皮膚にあると考えられている。物理的には，確かにそのとおりである。しかし，身体イメージの境界ということになると，必ずしも皮膚とは重ならない（だから幻肢のような現象が起こるのだ）。身体イメージは，心理的な水準で感じられる，独特の境界線を持っている。これは「身体境界」（もしくは身体像境界）とよばれる[2]。身体境界には，次のような特徴がある。

　第一に，伸縮性だ。身体境界は心理的なもので，皮膚のように実在する境界ではない。なので，皮膚によって限定されることなく——もちろん皮膚と密接な関係はあるが——自由に伸縮する性質を持っている。

　たとえば，温かいお湯にゆったりと浸かっているとき，身体がじんわりとほぐれて，お湯に溶けてゆくように感じられることがある。慣れた手つきで狭い路地をクルマですり抜けてゆくとき，運転手の身体感覚はクルマの車幅まで伸び広がっている。これらは，身体境界が皮膚を越えて広がってゆく経験である。

　逆に，緊張して全身がカチカチに固まっているときには，身体がいつもより窮屈に感じられたり，縮まったように感じられたりするものだ。まさに「萎縮」するのである。一般に，リラックスした状態では，身体境界はいつもより緩やかに拡大するように感じられ，緊張が高まっている状態では，いつもより縮小して感じられるという傾向がある。

　皮膚によって境界が決まっているわけではないので，人はさまざまな方法で身体境界を画定している。身にまとう衣服，身の回りの空間を確保する家屋や塀，空間を仕切る壁やカーテン，こういったもので身体の周囲を適度に仕切って，身体境界を限定するのである。これらは物理的に身体を保護するだけでなく，一種の心理的な壁としても機能している。

2　対人不安から自己を守る

　これが第二の特徴につながってくる。「自己と非自己の区別」という点である。身体境界は，心で感じられる身体の境界だ。人が心の中で「ここまでは自分の身体の内側，ここからは外側」と主観的に感じている境界のことである。したがって，身体境界は，単に身体の内側と外側を区別するだけでなく，自分と自分以外の存在を区別するものでもある。自己と外界，自己と他者をへだてる境界になっているのだ。

　人はさまざまなやり方で，身体境界を強化しようとする。互いに見知らぬ人たちが，図書館のテーブルを共用する，同じベンチに腰掛ける，レストランで相席する，といった状況を想像してみるとよい。ソマー（Sommer, R.）がこの種の状況を題材にした実験を多数報告しているが[3]，人は他者との間に壁をつくろうとして，次のような反応を見せる。身体の向きを変える，ひじを立てる，固く腕や脚を組む，本やカバンを相手との間に置く，頭を抱える，肩をこわばらせる，等々のしぐさだ。これらはすべて，身体境界を固めて，自己を守ろうとする行動と解釈できる。いわば「身構える」ことで，心理的に防衛しているのだ。

　他者との距離が縮まり，不安，警戒心，不快感が高まる状況では，大半の人々が身体境界を強化する行動をとる。電車やバスの中，病院の待合室，混雑した店内，講演やコンサートの会場，震災の避難所など。とくに，不特定多数の人々が接近する状況では，誰でも対人不安が高まるものである。自分が無防備に感じられるため，心理的な壁をつくろうとするのだが，それが身体境界を強化する一連の行動やしぐさとして現れてくる。

3　パーソナル・スペース

　ところで，身体境界をさらに拡張して，「人と人との距離」という視点からみていくと，パーソナル・スペースの概念に近づいていく。パーソナル・スペースとは，身体を取り巻く空間領域のことである。身体の周囲に，目に見えない一種の「なわばり」のように感じられる空間であり，私たちは相手や状況に応じてパーソナル・スペースを使い分けている[4]。

　たとえば，仲のよい相手とは肌が触れるほど近づいても嫌な気持ちにはなら

ないのに，混雑したエレベーターの中では，見知らぬ他者に不快感や気まずさをおぼえる。相手によって，許容できる距離とそうでない距離があるからだ。人は，パーソナル・スペースを他者との「緩衝地帯」として利用し，人間関係を調節している。心理的な距離感に比例して，相手との物理的距離も大きくとる傾向が私たちにはあるのである。

ホール（Hall, E.T.）は，こうした点に着目して，人と人との心理的距離に対応する物理的距離を以下の4種類に区別している[5]。

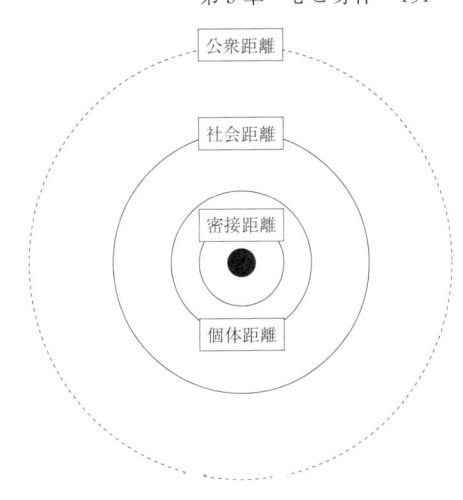

図9-1　パーソナル・スペース

(1) 密接距離（0～45cm）…きわめて親密な相手との距離。恋人，親友，家族などの相手で用いられる。どちらか一方が手を伸ばせば相手に触れられる距離であり，愛撫や抱擁などの身体接触も生じうる関係である。相手のにおいや息づかいが感じられる距離でもある。

(2) 個体距離（45～120cm）…個人的に親しい相手との距離。個人的な用件での話し合いや，立ち話にちょうどよい距離であり，友人，同僚，顔見知りなどの相手で用いられる。相手の表情をもっとも明確に見分けられる距離である。

(3) 社会距離（120～360cm）…形式的な関係のある相手との距離。個人的でない用件を話す場合，フォーマルな社交やビジネス上の話し合いに適した距離である。会議やプレゼンテーションの場面でも用いられる。

(4) 公衆距離（360cm以上）…相手に個人を意識させない距離。大教室での講義，演説，舞台などの例がみられる。相手は聴衆や公衆であり，一方的なコミュニケーションしか成立しない。声を増幅し，ジェスチャーを盛り込むなどして話さないと伝わらない。

カッコ内の数値はめやすであり，実際には，個人の性格・性別・年齢や，相

手によって多少変動する。重要なのは，相手との物理的な距離によって，コミュニケーションの質が規定されているという点である。

3節　身体の動き

1　身体動作の種類

　非言語コミュニケーションの領域に，さらに踏み込んでみよう。冒頭のトピックで述べたように，非言語コミュニケーションには種々のものがある。その重要な要素のひとつに，身ぶり手ぶり，しぐさ，姿勢の変化，表情など，広い意味での身体動作（身体の動き）がある。

　身近な題材として，教室で周囲の学生たちを観察してみるといい。授業中，さまざまな動きが起こっていることに気づくはずだ。フンフンとうなずく，頬づえをつく，頭をかく，髪の毛をいじる，ペンを回す，腕を組む，あたりを見回す等々。これらは，人がコミュニケーション場面において示す身体動作全体からすれば，ほんの一部分にすぎない。

　では，身体動作はどの程度の広がりを持っているのだろうか。また，どのように理解することができるのだろうか。エクマンとフリーセン（Ekman, P. & Friesen, W.V.）は，コミュニケーション時に出現する身体動作を，次のように分類している[6]。

　・エンブレム（「標識」。言葉の代わりに用いられる動作）
　・イラストレーター（「例示子」。発話にともなって起こる動作）
　・アフェクト・ディスプレイ（「情緒表示」。感情を表出する動作）
　・レギュレーター（「調整子」。会話の流れを調節する動作）
　・アダプター（「適応子」。身体の状態を調整する動作）

　いずれも聞き慣れない概念だろう。以下，例を挙げながら説明する。

2　言語に近接する動作

　上の分類でもっともわかりやすい動作がエンブレムである。エンブレムは，特定の語句の代わりをする動作だ。別れぎわに手を振る（「さよなら」），首を横に振る（「NO」），口元で指を立てる（「静かに」），人差し指と親指で輪をつ

くる(「OK」)，などである。すべて言葉に置き換えられる点に特徴があり，数ある非言語コミュニケーションの中でも，言語との連続性がもっとも高い。

　エンブレムは，同一の文化圏でのみ通じるものだ。よく似た動きでも，文化が違えば逆の意味になってしまうことさえある。たとえば，手招きして「こっちへおいで」とよびかける日本人の手ぶりは，アメリカでは「あっちへ行け」の意味に受け取られかねない。お互いに意味がわかっていてはじめて使える動作なのである。逆に，当事者が互いに意味をわかっていれば，他の者が知らなくともエンブレムとして通用する。野球で用いられるブロックサインや，船員たちの使う手旗信号などがそうである。

　エンブレムの次に言語活動と近い位置にあるのがイラストレーターである。発話にともなって起こる動作で，言葉の伝えるメッセージを補うものだ。イラストレーターは，日本語で「身ぶり手ぶり」とよばれるものに近い。例を挙げよう。「あなたはどうですか？」と言いながら，手のひらを相手に差し出す。「駅までダッシュしたんだ」と言いながら，腕を前後に大きく振る。「こんなに大きな魚を釣ってね」と言いながら，両手を開いて示す。「怒りがこみ上げてくるよ」と言いながら，握りこぶしをつくってみせる。

　これらはすべて，語りの内容を身体動作で表現している。イラストを描いて説明するように，言葉のメッセージを補っているため，イラストレーターとよばれる。エンブレムと違って，言葉抜きで動作だけを行ってもメッセージが伝わるわけではない。それほどはっきりした意味を持たないからだ。

　イラストレーターよりさらに曖昧な意味しかないが，会話の最中，話し手と聞き手の双方に起こる動作がレギュレーターである。レギュレーターは，会話の流れを進めたり，会話の方向を変えたり，広く会話を調整するのに役立つ動作である。聞き手の側では，首を縦に振ってうなずく，相手の目をちらっと見て発言をうながす，相手のほうを向いて話を聞く姿勢をとるなど，「相づち」に近い意味の動作になることが多い。話し手の側では，話しはじめに身を乗り出す，手を出して相手を制止して話す，といった動作が見られる。

3　無意識的な動作

　次は，本人が意識しないうちに起こっている動作に目を向けよう。身体動作

には，気づかないうちに身体が動いてしまうとか，抑えようとしても全身からにじみ出てしまうといった，無意識的な性質のものがある。すでに挙げたものでは，レギュレーターがこの性質を持っている。

ほかにも，アフェクト・ディスプレイが無意識的な動作に当たる。これは，喜怒哀楽が表出する際の身体の動き，とくに顔の表情のことだ。たとえば，嬉しいとき，喜びに満ちているとき，人は満面の笑顔を見せる。頬が強く引き上げられ，下まぶたが持ち上がって目の印象が優しくなる。「目を細めて喜ぶ」顔つきになる。全体として，顔面の両サイドが上方向に引き上げられるのだが，同様の動きは身体にも表出する。「万歳！」と両手を高く上げる動作や，腕を突き上げるガッツポーズがそうである。喜びの感情が表出するときは，顔と胴体を貫いて，全身が上方向へ引き上げられるような変化が起こる。

エクマンは，私たち誰もがほぼ間違いなく識別できる表情として，以下の6つを挙げている[7]。①驚き，②恐怖，③嫌悪，④怒り，⑤幸福，⑥悲しみ，である。これらの感情が生じている場合，本人は顔をつくっているつもりでも，顔面の筋肉の微小な収縮が必ず起こる。私たちにできるのは，表情の強度を調節する（例：露骨な嫌悪感を出さないよう表情を和らげる）か，他の表情で偽装する（例：悲しみを見せないよう微笑する）くらいのものである。感情の作用は，表情の変化として，にじみ出るように現われてくるのであり，私たちが思っているほど意識的にコントロールできるわけではない。

ちなみに，表情をつくる筋肉の中でとくに敏感に反応しているのは，眉間の皺をつくる皺眉筋（嫌いなものを見たときに収縮），笑顔をつくる頬骨筋（好きなものを見たときに収縮）の二つだと言われる。

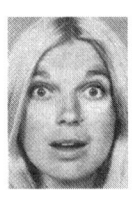

| 恐怖 | 嫌悪 | 幸福 | 怒り | 驚き | 悲しみ |

写真9－1　代表的な表情（エクマン，1987）

アダプターも，また違った意味で無意識的な動作である。ある状況に適応しようとして，無意識のうちに身体を動かしてしまうことだ。頭をかく，髪の毛をいじる，メガネを直す，ペンを回す，顔をさする，指をポキポキと鳴らすなど，自分の身体や持ち物に触れる動作が多い。貧乏ゆすり，脚や腕を組む，話しながら体をゆらす，といった動きもここに分類してよい。アダプターは，特定の状況において，これといった理由もなくやってしまうしぐさである。周囲にメッセージを伝える意図はない動作だが，本人の無意識が表出している場合も多い。節を変えて考えてみることにしよう。

4節　無意識の身体表現

1　解読の原則

アダプターだけでなく，距離，姿勢，向きなど，身体を通じて無意識に表出するシグナルはほかにも見られる。これらは，本人も自覚していないだけに，隠そうとしている本音や，無意識に潜在する感情が現れている場合がままある。身体は，無意識を映し出す鏡になっていることが多いのだ。これら無意識の身体表現は，どうすれば読み解くことができるのだろうか。解読に当たっての基本的な原則を挙げておこう。

第一に，単独で解釈しないこと。目立つ身ぶりやしぐさ1つだけに目を奪われると，誤った解釈に陥りやすい。たとえば，目の前の相手が後頭部に触るしぐさを見せたとしよう。このしぐさ単独では，何を意味しているのか確定できない。①照れているのか，②困っているのか，③不安を感じているのか，④嘘をついているのか，⑤たんに頭がかゆいだけなのか等々。

顔を赤らめているなら①だろうし，質問の返答に困って頭をかいているなら②だろう。他にも緊張のシグナルが見られるなら③の可能性がある。④のように，嘘をついているときにこの種のしぐさを見せる人もいる。身体表現は多義的であり，1つの身体表現に1つの意味が固定的に対応しているわけではない。1つの動きだけに注目すると，相手を誤解しやすい。場合によっては，相手の演技にだまされることにもなる。複数の要素を組み合わせて判断する必要があるのだ。

2　コンテクストと言葉

　第二のポイントは，コンテクスト（文脈）を考慮することである。どのような状況，どのような場面，どのような前後関係でその身体表現が起こっているのか，押さえておく必要がある。類似した身体表現であっても，コンテクストが変われば意味は変わってしまう。よく知られているのはアイ・コンタクトの場合である。おしゃべりしているような協力場面で頻繁にアイ・コンタクトをとろうとしているなら，相手と仲よくなりたい，親しくしたいという親和欲求の現れだ。しかし，それが入試会場のような競争場面なら，相手に負けたくない，より優位に立ちたいという支配欲求の現れの可能性が高い。これは単純な例だが，現実のコンテクストはなかなか複雑であり，注意を要する。

　第三に，言葉と照らし合わせること。語られた言葉と，身体に現れる動きが食い違っていたり，うまく一致していないことがある。言葉のシグナルと身体から発せられるシグナルが食い違っているという意味で，ダブル・シグナルともよばれる。たとえば，「なるほど，よくわかります」と口では言いながら，手元のボールペンをカチカチと鳴らし，貧乏ゆすりをしている場合（相手の話に苛立っている可能性がある）。「本当ですよ」と言いながら，唇の端や鼻の頭をしきりに触っている場合（嘘をついている可能性がある）。ダブル・シグナルが見られる場合，身体のシグナルに，その場で口にしにくい本音が表出していると考えるほうが適切だ。ただしここでも，丁寧に相手の真意を読み解くことが大切である。

　無意識の身体表現について，ここでは身体の向きと姿勢を取り上げる（距離については，2節を参照）。

3　身体の向き

　私たちは一般に，自らの注意，関心，興味の引きつけられる方向に身体を向ける。肩をたたかれれば後を振り返るし，物音がすればそちらを見る。友人を見かければ，挨拶をする前にまず身体がそちらを向く。身体の向きは，気持ちの向きと一致しているものだ。

　向きには一種のダブル・シグナルが見られることがある。顔はある方向を向いているが，胴体や足先は違う方向を向いている場合である。たとえば図9－2。

図9−2　身体の向き
　　　（ピーズ，2006）

図9−3　オープンポジション
　　　（ピーズ，2006）

　左の男性が，戸口から出て行こうとする右の男性に話しかけている。右の男性は顔を向けたが，胴体は外に向いたままだ。この場合，胴体や足先の向きが無意識の向きだと考えてよい。胴体や足先は，その人の本当の注意のありかや，行きたい方向を指し示している。図の場合，右の男性は，話を聞くより部屋を出たいと思っているだろう。事務的な立ち話はできても，個人的な相談はできそうにない。同様の例は，顔が相手に向いているが組んだ脚は別方向を向いている，といった場合にもみられる。

　顔と胴体がそろって相手を向いている状態のほうが，よりよいコミュニケーションが成立しやすい。といっても，互いに真正面から向き合う状態はあまり好ましいものではない。相手の真正面に立ち，顔をまっすぐに見つめて話をすると，攻撃的で威圧的な印象を相手に与えやすいからである。リング上のレスラーがにらみ合うかのように，敵に立ち向かう状況をつくってしまう。

　ピーズ（Pease, A.）は，親密なコミュニケーションを演出する身体の向きとして，「オープンポジション」という立ち方を提案している[8]。図9−3のように，互いの身体の向きを延長すると，仮想の三角形ができるような立ち方である。これなら，相手と向き合いながらも，立ち向かう印象は避けられる。

4 姿勢

　姿勢とは，胸を張っているとか肩を落としているとか，身体の静止した状態を言うのだが，私たちは姿勢の中にも心理的要素を読み取っている。日本語で「姿勢」というと，「身体の構え」だけでなく「心構え」「気構え」「態度」といった意味がある。「厳しい姿勢で交渉に臨む」といった言い方がそうだ。姿勢を意味する英語 posture にも，やはり「心構え」「態度」といった同様の意味がある。姿勢には，内面のあり方を象徴するところがあるようだ。

　コミュニケーション場面で表出する姿勢に限定すると，姿勢には次の二つの心理的意味が含まれている[9]。ひとつは，他者との関わりを求めているかどうか。他者に関心を持ち，積極的にかかわろうとしている場合，身を乗り出している，背筋を正している，といった姿勢になる。つまり，自然に「話す姿勢」や「聞く姿勢」になるのである（姿勢と連続して，レギュレーターのような身体動作が多く見られる）。逆に，相手に関心がない，関わりたくないなどの場合は，顔をそむけている，そっぽを向いている，といった姿勢になる。

　二つ目は，他者や周囲の人々を受け容れているかどうか。こぶしを握っている，腕や脚を組んでいる，背中を丸めている，肩をいからせている，といった姿勢は，全体として自分の身体を閉じようとする「閉鎖系」の姿勢だ。これは，周囲を拒絶したいとか，一線を引いて自分を守りたいという気持ちの現れである（2節の身体境界を参照）。逆に，手のひらを見せる，頭のうしろで両手を組んでいる，脚が開いている，といった「開放系」の姿勢には，くつろいでいて，周囲をオープンに受け容れる気持ちが現れている。

　姿勢は，先のアダプターのように，ある状況に対する心身全体の反応という性質を持っている。特定の状況に対する反応が，一方では「心の構え」として，他方では「身体の構え」として表出しているのである。

　この章で述べてきたことの大半は，読者みずからが日常生活のなかで実感できることである。ぜひ，「にわか心理学者」になったつもりで，自分や他人の行動に目を向けてみてほしい。新たに発見したり，改めて気づいたりすることがいろいろとあるはずだ。

───────────〈演　習〉───────────
1　パーソナル・スペースを実感する
　パーソナル・スペースは，身体の周囲に広がる目に見えない空間だ。ここでは，それを目で見て実感できるような演習を行ってみる。

①方法
　2人1組になる。相手は，今まで話をしたことのない人でも，仲のよい友人でもよい。1人は，場の中央に立った状態をキープする「近づかれ役」，もう一人は，相手に近づいていく「近づき役」。
　近づき役は，4～5mほど離れた状態から相手に少しずつ近づいていく。近づかれ役は「これ以上近づいて欲しくない」と感じたところで，近づき役に合図を出して止まってもらう。
　この作業を，正面から，後ろから，左から，右から，方向を変えて4回繰り返す。
②振り返り
　近づき役が立ち止まったポイントを円形に結んでゆくと，近づかれ役のパーソナル・スペースができあがる。
　図9－1と見比べてみよう。近づき役がどんな相手だったかによって，円の大きさに変化が見られるはずだ。また，純粋な円形というより，前後に長い楕円形になりやすい。

2　笑顔を練習する
　円滑なコミュニケーションを行っていくうえで，笑顔ほど役に立つものはない。改めて笑顔をつくる練習をしてみよう。
　まずは顔面の筋肉をほぐす。顔面のストレッチのつもりで，目や口の周辺など，顔の各部分を大きく動かしてみる。
　顔面がほぐれたら，鏡を見ながら以下の手順で筋肉を動かしていく。
　　・唇の両端を，水平に真横へ動かす
　　・その状態から，頬を上に持ち上げる
　　・口を自然に開けて，歯が見えるようにする
　　・目の周辺，鼻筋に笑いじわができているか確認する
　このまま1分間，自分の笑顔と対面する。おかしくて笑ってしまう場合は，抑えないで笑うにまかせよう。

3 向きを変える

身体の向きを変えることで,コミュニケーションにどのような変化が起こるか,実際に体験してみよう。

①方法

2人1組になる。相手は,今まであまり話をしたことのない人のほうがよい。相手が決まったら,自己紹介を兼ねて,お互いに自分のことについて話す。その際,約5分ごとに,身体の向きを次のように変えてみる。

　　A　どちらか一方が相手を見ている状態
　　B　共に前を向いた状態
　　C　オープンポジションで相手と向き合った状態

②振り返り(シェアリング)

ひととおり終わったら,会話中どのように感じたかを振り返り,感じたこと,気づいたことを話す。どの状態が話しやすかったか,会話のリズムはどうだったか,向きによって非言語コミュニケーションに変化があったか,といった点を話し合ってみよう。

参考文献

1) シルダー, P.　秋本辰雄・秋山俊夫(訳)　身体の心理学　星和書店　1987
2) フィッシャー, S.　村山久美子・小松啓(訳)　からだの意識　誠信書房　1979
3) ソマー, R.　穐山貞登(訳)　人間の空間　鹿島出版会　1972
4) 渋谷昌三　人と人との快適距離　日本放送出版協会　1990
5) ホール, E.T.　日高敏隆・佐藤信行(訳)　かくれた次元　みすず書房　1970
6) Ekman, P. & Friesen, W.V.　"*The Repertoire of Nonverbal Behavior: Categories, origins, usage, and coding*" Semiotica. 1(1) pp.49-98. 1969
7) エクマン, P., フリーセン, W.V.　工藤力(訳)　表情分析入門　誠信書房　1987
8) ピーズ, A., ピーズ, B.　藤井留美(訳)　本音は顔に書いてある　主婦の友社　2006
9) 工藤力　しぐさと表情の心理分析　福村出版　1999

第10章　心の健康とカウンセリング

トピック

　本章では，心の健康とはどういう状態か，心の病気とはどういう状態かを知り，また心の病に対するアプローチであるカウンセリングとは，どのような理論や方法があるのかなどについて学ぶことが目的である。

　アメリカの人格心理学者のオルポート（Allport, G.W.）は，若いころに精神分析の創始者のフロイト（Freud, S.）に憧れを抱いていた。ウィーン滞在中にその願いが叶い，フロイトに会うこととなった。フロイトは彼を診察室に招き，黙って，オルポートが口を開くのを待った。長い沈黙の末，彼はフロイトの家に来るまでに電車の中で見た4歳の少年の行動の話をした。その少年は不潔恐怖で目にするものすべて，座席，人について「汚い，汚い」を連発していた。少年の母親は傲慢そうで堅苦しい女性と映ったので，彼は少年の不潔恐怖の原因は彼女にあると感じた。彼はそれを話し終えたあと，フロイトは長い沈黙が続き，話し終えた彼をじっと見つめて，この几帳面で礼儀正しい若い青年に向かって「それで，その少年はあなただったのでしょう」と彼に尋ねた。フロイトは人が見聞きすることは，何でもその人の内的な葛藤や恐怖を表すものであるという彼の自説を述べた。オルポートはその少年が自分自身であるとフロイトに思いがけず指摘され，強い驚きとショックを受けた。そして精神分析の基礎である無意識の世界に入って研究を行うことに疑問を持った。彼はこの経験から，無意識という心の深層ではなく，心の表面にある意識的な動機を中心に健康な人の人格を研究してその第一人者になった。

キー・ワード

心の健康，健康な人格，ストレス，ストレス反応，ストレス対処，統合失調症，うつ病，精神分析，無意識，意識，超自我，認知行動療法，自動思考，ソーシャル・スキル・トレーニング，自己一致，傾聴，共感

1節　心の健康とは

　心の健康とは何だろう。心の病気になっていなければ健康といえるのであろうか。打たれ強い性格という言葉がある。これは周囲の人からあれこれ非難され、自分の置かれた状況が逆境にあっても、そこから立ち直って自分の目指す目標に向かって生きていくという力強さがあるという意味である。いわば、雑草のような生き方、踏まれても逞しく生きていくことである。その反対に挫けやすい性格とは、なにかのきっかけで、なし遂げたいことを簡単に諦めてしまう。心の健康とは、心が病気でないということだけではなく、自己成長へのより強い衝動を持ち、困難に負けない健康な人格を持って生きていくことでもある。

2節　健康な人格

　健康な人や健康な人格とは何だろうか、ここでは、オルポートとロジャーズ（Rogers, C.R.）という二人の有名な心理学者の提唱する健康な人格を取り上げて説明する。

1　オルポートの考える健康な人格
(1)　**自己感覚の拡大**　人間は成熟するにつれ、自己の外部のへと興味が広がり、仕事はもちろん、仕事以外のいろいろな活動や家族や友人との関係、趣味や社会的な活動に自己の感覚や意識を広げていくのである。
(2)　**自己と他者との暖かい関係**　精神的に健康な人間は、親子、配偶者、親友などに対して、親密さを示すことができる。この親密さの能力をもたらすのは、自己拡大の感覚である。また精神的に健康な人間は共感する能力を持っている。共感能力の結果として、他者の行動に寛容であり、他者の行動を批判したりしない。健康な人間は、人の弱点をも受容する。しかし、心の不健康な人は他者の弱点や欠点に不寛容である。
(3)　**情緒的安定**　成熟した人間は自己受容することができる。健康な人格は弱さや失敗を含めて、自分の存在のすべてを受けいれることができ、消極

的にあきらめたりしない。また自らの感情のとりこにならず，感情をコントロールすることができる。しかし心の不健康な人はその瞬間の感情に動かされ，それが不適等であっても怒りや憎しみを表出してしまうだろう。

　健康な人間は，「欲求不満耐性」があり，欲求や願望の充足が困難であっても，これに耐えることができる。欲求不満は，健康な人格にとっては，障害ではないのである。

⑷　現実的知覚　健康な人は，自分の世界を客観的に見る。これに対して心の不健康な人は，自分自身の願望や欲求や恐れに適合するように現実を歪めてみてしまうことが多い。成熟した人間は現実をあるがままに受け容れることができる。

⑸　技能と課題　仕事と責任は人生に意味と継続を与えてくれる。なすべき仕事とそれに必要な技能と，それに対する献身，関与がなくては，成熟も積極的に精神的な健康を達成することはできない。

⑹　自己客観視　古い格言に「汝自身を知れ」という言葉がある。これは簡単なことでない。自分自身についての適切な知識のためには，本人が考えている自分と実際の自分との間の関係についての洞察が必要である。この両者が近ければ近いほど，その人の成熟度が高いといえる。その人自身が考えている自分と他の人の考えるその人の姿との関係である。健康な人間は自己についての客観的な態度を形成する際に，他の人々の意見には十分に耳を傾ける。さらに自己洞察の水準とユーモアの感覚には高い相関が認められる。

⑺　統一的な人生哲学　健康な人格は，前向きの姿勢をとっており，長期的な目標や計画によって動機づけられている。このような人間は，目的意識をもっており，自らの人生の基盤として何かをしようとする使命感を持っている。これが彼らの人格に連続性を与えている。

2　ロジャーズの提唱する健康な人格

　ロジャーズは人間は成長への衝動を持って生きていることを前提とし，自己実現に向けて努力していることが大切であり，幸福それ自体目標ではない。幸福は自己実現の副産物である。そして以下の条件を満たす人間を「完全に機能する」人間と提唱している。

(1) 経験に対して開かれていること　抑圧しない人は，自由にすべての感情や態度を経験できる。誰に対しても防衛する必要を感じていない。よって経験に対して開かれている人は，防衛的な人と比べて，肯定的な感情や否定的な感情，たとえば，喜びや悲しみをはるかに経験する点で，より感情的であるといえる。

(2) 実存主義的生活　完全に機能している人間は，今，この瞬間，そして実存のあらゆる瞬間を完全に生きている。健康な人は，すべての経験は開かれているので，自己なり人格は，どのような経験によっても，絶えず影響を受けて物事を斬新に受け止める。他方，防衛的な人は，自己と経験を一致させるために，新しい経験を歪めなければならない（自己不一致）。

(3) 自分自身の有機体への信頼　ひとつの活動があたかも価値があり，行う価値があると感じるなら，それは行う価値がある。言い換えれば，ある状況の全体的有機感覚（自己自身の感覚）は，知性よりも信頼するに足るものである。瞬間の直感的衝動に基づいて行動することができる。健康な人は自分の感覚を信じて，自発的に自由に行動することができるのである。平たく言えば，頭で判断するより，自己の感覚を信じることである。

(4) 自由の感覚　精神的に健康な人であれば，より多くの選択や行動の自由を経験することができると信じている。健康な人は思想や行動の選択を拘束や禁止を受けずに自由に選ぶことができる。

(5) 創造性　完全に機能している人はみな高度に創造的である。また行動が自発的で，彼らを取り巻く人生の豊かな刺激に対する反応において変化し成長し，発達する。完全に機能している人は，環境条件の急激な変化にうまく適合し，切り抜けることができる。

3節　ストレスと心の健康

1　ストレスとは

ストレス（stress）がたまっていてすごいイライラしてるよ，ストレスで，体重が増えてしまったよ，ストレスで胃がやられちゃった，というような表現をするが，ストレスとは，カナダの生理・病理学者のセリエ（Selye, H.）が，

「寒冷，外傷，疾病，精神的緊張などが原因になって体内に生じた非特異的防御反応」と定義したことばである。そのストレスを起こす刺激をストレッサー（stressor）という。このストレッサーには次の6タイプがある。

　①物理的ストレッサー（温熱，寒冷，湿度，高圧など）
　②環境的ストレッサー（騒音，振動，空気汚染，過密な状態など）
　③社会的ストレッサー（仕事が多忙，残業，重い責任，夜勤）
　④肉体的ストレッサー（病気，怪我，睡眠不足，不規則な生活）
　⑤精神的ストレッサー（家族の病気や死，離婚，解雇，倒産）
　⑥人間関係のストレッサー（職場，家族，近所，親戚，友人のトラブルなど）

　こうしたさまざまなストレッサーを受けてストレスがたまる結果になるのである。

2　ライフイベント

　人生上のさまざまなできごとによっても，そのときに大きなストレスを受けることになる。たとえば，家族の病気や死は，家族に悲しみという大きなストレスを与えるが，ホームズ（Holmes, T.H.）とレーエ（Rahe, R.H.）は，ライフイベントによるストレス度を測定し，それを下記のように示している（次頁表10−1）。これはホームズらが開発したもので，生活上の大きなできごとに対して，個人が感じるストレスの程度を測定して点数化したものである。当然ながら点数が高いほど，ストレス度は高い。

3　日常的な苛立ち

　突然襲ってくるできごとではなく，日常生活上のさまざまに頻繁に繰返されるできごとも人間にかなりストレスを与えるという視点から，ラザルス（Lazarus, R.S.）とフォルクマン（Folkman, S.）は日常的なできごとの蓄積がストレスと関係があるという提唱した。例を挙げると，「○○さんに挨拶したのに無視された」，「信号が青なので横断歩道を歩いていたら，横から来た自転車に轢かれそうになった」，「狭い道路で対向車輌に道を譲ったのに挨拶もしないで，走っていった」など，日常生活にまつわる不快なできごとからくるストレスである。

表10-1 ホームズとレーエのライフイベント表（ホームズほか，1967）

体験した出来事	ストレス度（評定値）	体験した出来事	ストレス度（評定値）
配偶者の死	100	息子や娘が家を離れる	29
離婚	73	血縁関係のない親族とのトラブル	29
別居	65	著しい業績を上げる	28
受刑（服役）	63	妻が仕事を始めるまたはやめる	26
近親者の死	63	学校に入るまたはやめる	26
自分の怪我，または病気	53	生活条件の変化	25
結婚	50	自分の習慣を改める	24
解雇された	47	上司とのトラブル	23
夫婦の和解	45	勤務時間，または条件の変化	20
退職	45	転居	20
家族の健康状態の変化	44	転校	20
妊娠	40	娯楽の変化	19
性的な事柄がうまくいかない	39	宗教活動の変化	19
新しい家族が加わる	39	社会活動の変化	18
仕事の上での再適応	39	少額の購入のためのローン	17
財政状態の変化	38	（車，テレビなど）	
親しい友人の死	37	睡眠習慣の変化	16
転職	36	一緒に集まる家族の人数の変化	15
配偶者との話題の数の変化	35	食習慣の変化	15
多額の購入のためのローン	31	休暇	13
抵当流れ（質流れ）	30	クリスマス	12
仕事上の責任の変化	29	小さな法律違反	11

4 ストレス反応

ストレスを受けて起こる反応をストレス反応という。ストレス反応には，以下の反応がある。

①身体反応：動悸，偏頭痛，めまい，食欲減退，腹痛，倦怠感，肩こり
②情動的反応：不安，抑うつ感，焦燥感，緊張，イライラ，無力感，怒り
③心理的・行動反応：注意力が散漫，忘れっぽい，考えがもとまらないなどの思考力の低下，意欲・自発性の低下，八つ当たり，人間関係のトラブルの増加，対人面の不適応行動など

このようなストレス反応が起こると同時に，生体では，自律神経系の反応，内分泌系の反応，免疫系の反応が起こっている。ここでは詳しく述べないが，ストレッサーが続いていると，生体内の免疫系のはたらきが低下して，病気に

なりやすい，病気が進行しやすいということが考えられている。

離婚とか，仕事上の大きなミスとか，上司とのトラブルなどのストレスによって発生した不適応状態を適応障害という。

5 ストレス対処

ストレッサーが適度な量であれば，人生のスパイス（刺激）になり活性化される。

人によってストレスの受け止め方が異なる。ストレッサーに対して，自己のストレス対処能力，性格，年齢，社会的支援，環境などの条件が異なりそれを受け止め方が異なるが，受け止める力が下回ると不適応になるのである。

登校拒否，回避行動（閉じこもり）などの非社会的行動，心身の不調などが起こる背景には①承認欲求，②愛情欲求，③社会的欲求，④完全主義欲求がある。どうやって緊張と不安を低減させるかが大切である。休養やリラクゼーションをどう得るか。友人とのおしゃべり，カラオケ，スポーツ，温泉，ドライブ，マージャンなど，俗に言う気分転換が重要で，好きなことに没頭して忘れることが大切である。

さらにストレスをどう認知するかが大切である。ラザルスはストレスモデル（図10－1）を用いてストレスを管理する方法を提唱している。例として，学業がストレスになっている大学生がいる。定期末試験の試験結果も悪く，自分はだめな人間だからと思って大学にも行かず，自宅にこもっているとしよう。この学生は試験結果悪いイコールだめな人間という認知的評価を自分でしたために，学業をなんとかしようという意欲も低下し，また諦めから，引きこもりという行動（ストレス反応）をとっている。

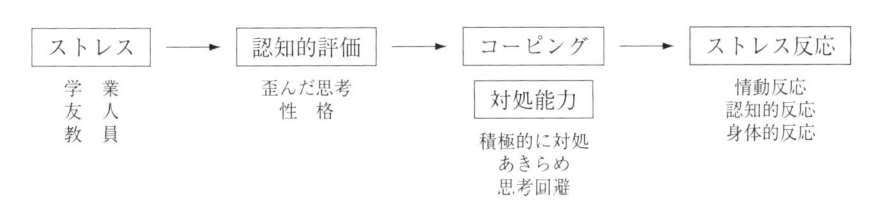

ストレス	→	認知的評価	→	コーピング	→	ストレス反応
学業 友人 教員		歪んだ思考 性格		対処能力 積極的に対処 あきらめ 思考回避		情動反応 認知的反応 身体的反応

図10－1　ラザルスのストレスモデル

しかし，試験の結果が悪いからといって，すべて自分がだめな人間と決めてかかることは，果たして正しい判断であろうか。多分に本人の思い込み（自動思考という）がはたらいているのである。この場合，自分はだめな人間という思い込みである。この認知的評価が歪んでいるためにこれに対する対処能力（コーピング行動という）がはたらかず，ストレス反応として引きこもり（回避行動）がとられたと考えられる。この試験結果を「次回頑張ればいい，今回は勉強しなかったから，しかたがない，試験成績がだめでも，すべて人間としてだめということにはならない」というふうに認知的評価を修正して，次回の試験のときには少しでも成績が上がるように普段の生活でも，学業を意識してまじめに授業に出席したり，疑問点は早めに周囲の友人に聞いたり，先生に質問に行くなどの行動をするようになれば，ストレスに対するかなりの改善が予想される。

ストレスを自分でコントロールしようと試みること，うまく処理できないときは周囲の人間に助けを求める社会的支援（自分の知り合いや相談機関）を利用するなどができれば，ストレス対処能力はかなり高まる。このような考え方を認知行動療法といって，ストレスからくる心の病気のひとつのうつ病や不安障害，パニック症などに効果的な治療法と最近注目されている。

4節　心の病気

心の病気（精神疾患）をとらえるとき，その共通のガイドラインを示したものにアメリカ精神医学協会の作成した「精神疾患の分類と診断の手引き」がある。現在は第4版の新訂版（DSM-IV-TR）が作成されており，これを参考にしながら，主な精神疾患を取り上げて説明する。

1　統合失調症（schizophrenia）
(1)　特徴的な症状
　①妄想：被害妄想，嫉妬妄想，注察妄想，罪責妄想，関係妄想，影響妄想など，実際にはありえないことであるが，本人は現実のものとして信じている。注察妄想とは，自分が絶えず誰かに見られているという妄想。
　②幻覚：実際にはそうした対象が存在しないのに，そうした知覚が発生する。

幻聴は，だれかが自分に話しかけてくる声や，命令してくる声が聞こえてくるもの。幻視，幻味，幻触などがある。
③まとまりのない会話：頻繁な脱線，または支離滅裂。
④ひどくまとまりのない緊張病性の行動：誰かに操られている感じがする（作為体験）。
⑤陰性症状，すなわち，感情の平板化，思考の貧困，意欲の欠如：思考や会話内容が貧困になり同じことばかり言う，感情が少なくなり内にこもっている。意欲が低下して無気力になる。
(2) 統合失調の病型
統合失調症には，以下のタイプがある。
①妄想型
　a：ひとつまたはそれ以上の妄想
　b：頻繁に起こる幻聴
　c：以下のどれでも顕著でない
　　・まとまりのない会話
　　・まとまりのない緊張病性の行動
　　・平板化したまたは，不適切な感情
〈主な発症年齢は20歳代後半から30歳代〉
②解体型　以下の各基準を満たす統合失調症の一病型
　a：まとまりのない会話，まとまりのない行動，平板化したまたは，不適切な感情
　b：緊張型の基準を満たさない
〈主な発症年齢は思春期〉
③緊張型　以下の少なくても2つが優勢である臨床像をもつ統合失調症の一病型
　a：カタレプシー（強い緊張のため奇妙な姿勢を保持しつづける状態）
　b：過度の運動活動性（明らかに無目的な運動）
　c：極度の拒絶症（あらゆる指示に対する明らかな動機のない抵抗）
　d：姿勢（意図的に不適切なまたは，奇異な姿勢をとること）
　e：反響言語または，反響動作

〈発症は不特定で急性の発症〉

④鑑別不能型　解体型の基準aを満たす症状があるが，妄想型，解体型，緊張型の基準を満たさない統合失調症の一病型

⑤残遺型　以下の基準を満たす統合失調症の一病型

　a：顕著な妄想，幻覚，解体した会話，ひどく解体した，または緊張病性行動の欠如

　b：陰性症状の存在，またはaの症状が2つ以上，弱められた形

(3) その他

①陽性症状：統合失調症の患者が苦しむひとつに陽性症状がある，陽性症状とは普段の心理状態ではみられない異常な心理現象で，妄想や幻覚が現れ，激しい興奮，支離滅裂な会話などがみられる。

②陰性症状：正常な心理状態から欠落した状態の意味で，思考や会話内容の貧困，意欲の低下，感情の平板化，身だしなみや清潔感の低下，非社会性，自閉性，孤立化などがある。

(4) 治療と予後

　薬物療法（ドーパミン受容体遮断作用のある薬剤の投与）が効果があり，外部からのストレスに対する過敏性をとるのが目的である。心理療法としては，社会復帰に向けた適切な対人関係のスキル，日常生活の自立スキル，就労生活のスキルなどのスキルアップを目的とした認知行動療法に基づくSST（ソーシャル・スキル・トレーニング）が有効であると言われている。

2　気分障害　うつ病（depression）

「抑うつ気分」「うつ状態」「うつ病」のちがいは，以下のとおりである。

「抑うつ気分」とは，症状の名前で，ゆううつ，気分が落ち込んでいる状態を，精神医学では，「抑うつ気分」と表現する。「うつ状態」とは，抑うつ気分が中心になっている人の精神状態を示す。「うつ病」とは，うつ状態にある人の症状の特徴や体の病気の状態などを総合して確定された診断名である。有名な作家の夏目漱石（うつ病）や宮沢賢治（躁うつ病）もうつ病であったといわれている。

(1) 症状

　アメリカ精神医学協会のDSM-TRによる大うつ病の症状は，以下の症状のう

ち，5つ以上が2週間存在し，これらのうち少なくても一つは，抑うつ気分，あるいは興味または関心の消失である。

　　a：抑うつ気分（気分が沈んで晴れない）
　　b：興味，喜びの著しい喪失（今まであった興味関心がなくなる）
　　c：体重減少，あるいは体重増加
　　d：不眠，または睡眠過多
　　e：精神運動性の焦燥または制止
　　f：易疲労性または気力の減退
　　g：無価値感または不適切な罪悪感
　　h：思考力や集中力の減退または決断困難
　　i：自殺念慮（自殺企図，自殺したいという考えが反復して起こる）

(2) うつ病と関係の深い性格

　島悟（1997）や山本晴義（2005），林直樹（2006）によれば，ストレスを受けやすく，うつと関係の深い性格は，以下のタイプである。

　①とりこし苦労タイプ　不安が強く，絶えず大丈夫かなと心配していて，不安に怯えている。
　②頑固・厳格タイプ　頑固で，威圧的な態度をとり，他人のミスも許せず，カッカして怒る。怒りがストレッサーになり，ストレスがたまりやすい。
　③内向的・消極的タイプ　誘われたり，頼まれたりしたときに，「ノー」と言えないタイプ。内向的でおとなしいが，「ノー」と言えない自分に自己嫌悪になりやすい。周囲との調和を大切にするので，言いたいことも言わず，我慢してしまう。
　④まじめ・几帳面タイプ　いちばんストレス状態に陥りやすいタイプ。完全主義的傾向があり，責任感も強いので，自分で背負い込んでしまう。いつも緊張している。なんでもきちんとしないと気がすまないので，ストレスがたまりやすい。
　⑤対人関係が安定しないタイプ　人間関係が安定していないので，トラブルをおこしやすい。人間関係において適切な距離感をとれないタイプ。
　⑥自己愛タイプ　自己愛（ナルシズム）が強く，自尊心が強い人，他人からの批判に傷つきやすく，自分を批判する人を許せず，怒りを示す。対人関

係のトラブルを生じやすい。
⑦依存的タイプ　つねに誰かに依存していないと，不安になりやすいタイプ。他の人に依存して生きているため見捨てられることに強い不安がある。
⑧演技性タイプ　自己顕示欲が強く，周囲から注目されていないと自己愛が満たされないタイプ。感情の起伏が激しく，自分が中心的存在いたいという願望が満たされないと，怒ったり，リストカットしたり，自殺未遂をしたりする。
⑨回避性タイプ　自分がどう評価されているかに敏感で，低く評価されると極度に傷ついてしまう。失敗が怖くて仕事や人間関係から逃げてしまう。

以上のような性格のタイプはストレスを受けやすく，うつ病との関係が深いと指摘されている。

(3) うつ病の治療

　うつ病には薬物療法（抗うつ剤の投与）とカウンセリングが有効である。

　うつ病の中でも大うつ病（内因性うつ病）には坑うつ剤が有効であるが，ストレスとなるできごとによって引き起こされる反応性うつ病は，精神療法やカウンセリングが有効とされている。カウンセリングのなかでも，認知行動慮法がとくに有効であるとして報告されている。抑うつになる人の認知には，不合理的な思い込みや，ネガティブな考えが背景にあると言われている。自分に起こった出来事を悪く，ネガティブに受け取ってしまうために，「自分はもうだめだ，生きる価値がない」という考えに陥り，結果として抑うつ気分が支配してしまうのである。このネガティブに受け取る考え方のくせ（自動思考という）を修正して，抑うつ気分に陥らないようにするのが認知行動療法である（5節カウンセリング参照）。

3　適応障害

　「適応障害とは，生活上に発生したストレスによって，適応することに失敗して生じた病的な心理状態」（野村，2004）。ストレスとなるのは，環境が変化したことが大きく，その環境に適応できないという場合が多い。たとえば，入学，就職，結婚，配置転換，退職などさまざまである。大学生の場合は，入学して，自宅を出て，アパートでの一人暮らしをはじめたが，いつまでたっても高校時

代と違って友人が一人もできない。アパートと大学の往復だけで，友達ができないので，不安で孤独である，夜も眠れない。最初は大学のすべての授業に頑張って出席していたが，1カ月過ぎから緊張や疲れから，授業も休みがちで，アパートの自室で一日中寝てるようになった。症状としては，抑うつ感と不安感である。学生相談室を訪れたA君は，何回かカウンセラーと話しているうちに少し落ち着きはじめた。相談室でサークルを紹介されて，その仲間と話しているうちにだいぶ打ち解けてきて，お昼やサークルの終わったあとに一緒に食事するようになり，かなり情緒が安定してきた。適応障害は急性で一時的に病的な状態になるが，環境に慣れてくるに従い，改善してくるのである。

5節　カウンセリング

心の問題・病気に対して，カウンセリング（counseling）や心理療法（psychotherapy）が用いられる。

心理療法には，さまざまな立場があり，心の問題をどうとらえるかによって，そのアプローチもさまざまである。ここでは，代表的な精神分析，対象関係論，行動療法，認知行動療法，来談者中心療法を取り上げる。

1　精神分析

オーストリアの精神科医のフロイトが創案した心理療法で，人間の内部にある抑圧された精神的なものを意識化することを精神分析とした。

無意識な世界を科学する深層科学である。心に意識，前意識，無意識の3つの心理的過程を考え，大部分は無意識にあると考えた（図10-2）。また，超自我，自我，イド（エス）の3つの部分からなる心的構造を考えた。

意識は気がついている心の領域，前意識は普段は意識されないが，意識に上らせようと

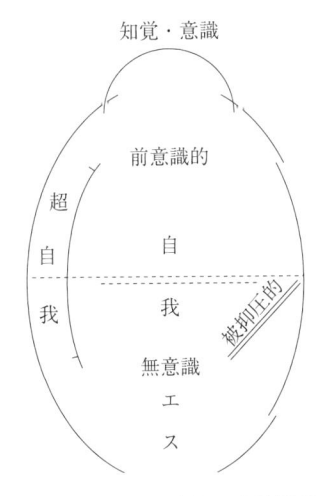

図10-2　フロイトの心的構造

すれば，意識できる領域である。無意識は，抑圧されて，意識できない領域である。超自我は，良心，道徳的な禁止機能を果たすところで，両親のしつけや社会的規律によってとりこまれた道徳的判断を下す。「～してはいけない，～こうしなさい」という命令をするはたらきがある。快楽的な志向をするイド（エス）に対して，抑圧する。自我は外界から生じる精神的な葛藤を現実原則に照らして，調整する機能であり，知覚，判断，思考などの重要な心のはたらきをしているところでもある。イドは，無意識の心的エネルギーで，本能エネルギーの貯蔵庫でもあり，快楽原理にしたがって，行動することである。

精神分析の治療は，患者を寝椅子に寝かせ，自由に連想をさせる。患者の見えない位置に座って分析家は患者に夢の話や頭に浮かんだことを何でも隠さずに話してもらう。それを週に3～4回行って分析，解釈していくという方法である。治療は無意識の意識化（洞察）にある。また患者と分析家との転移関係を通じて，対人関係の改善が行われる。しかし，この精神分析は，時間と費用がかなりの負担になるので，現在は，週1回程度，治療者と患者は対面で座り，自由連想風の対話をする簡便な精神分析的心理療法が一般的である。

2　対象関係論

フロイト以降の精神分析では，自我と対象との関係のあり方の特徴を重視して人間の精神世界を理解しようとした学派である。フロイトの精神分析でも超自我は，両親（対象）の内在化された声という視点ですでに対象関係論の萌芽はあったが，その後，クライン（Klein, M.），フェアバーン（Fairbairn, W.R.D.），ウィニコット（Winnicott, D.W.）らのイギリスの精神分析学派が対象関係論を発展させた。クラインは，子どもを対象とした遊戯療法を行っているうちに，子どもが遊びの中で心の中の人物を表現しているのを観察して，人は心の中にさまざまな人物が存在しているということを知ったのである。

彼女は，この心の中の人物を内的対象（internal object）とよんだ。精神内界に内在化された対象とその現実の対人関係の相互作用を扱う学派である。たとえば，乳児は自分の欲求を満足してくれる母親のおっぱいは，「よいおっぱい」で，同じ母親でもおっぱいの出の悪いときの母親のおっぱいは，「悪いおっぱい」と認識するのである。どちらも同じ母親のおっぱいなのだが，乳児は同じ

母親のおっぱいとは認識していない。乳児にとってその場その場の欲求を満足してくれるかどうかが「よい」「悪い」の基準となる。

こうした瞬間瞬間の満足，不満足で対象と結びつく関係をクラインは「部分対象関係」とよんだ。部分対象関係とは，自分にとって満足を与える「よい母親」と，不満足を与える「悪い母親」を同じ一人の母親として認識できないことである。また2～3歳になると，母親は「よい母親」も「悪い母親」も同じ一人の母親であると認識できるようになる，これを「全体対象関係」とよぶのである。成長した大人はひとりの人間を全体対象関係でとらえることができるが，パーソナリティ障害のような未熟な大人の場合は，部分対象関係が色濃く残っているので，部分対象関係に陥りやすいといわれる。クラインは，「妄想分裂ポジション」と名づけた。「妄想分裂ポジション」とは，自分にとって都合の悪い状況になったとき，その不快さをすべて相手のせいにして攻撃，非難するという状態を言う。同じ相手でも，悪い存在になったり，よい存在になったり，分裂を起こし，同一の相手でも恒常的に，連続的に人間関係を構築することができないのである。分裂を起こしているのは，相手ではなく自分であるが，自分が分裂しているとは意識されず，相手に問題を押しつけているのである。この妄想分裂ポジションは，パーソナリティ障害の基本特徴であり，この障害を理解するのに役立つものである。

3　行動療法

パブロフ（Pavlov, I.P.）のレスポンデント条件づけ（犬の唾液反射行動を形成させた条件づけ），スキナー（Skinner, B.F.）のオペラント条件づけ（スキナーボックスでネズミのレバー押し反応を形成させた条件づけ）などによる動物実験の結果から得られた学習のメカニズムをもとに，構築された学習理論をアイゼンク（Eysenck, H.J.）ウォルピ（Wolpe, J.）らが発展させた合理性・科学性を重視した行動論的アプローチである。フロイトの言うように無意識という目に見えない世界を対象にするということに，科学的実証性から疑問を投げかけたと言える。心理療法は科学的な根拠に基づいた方法で行うべきであると考える立場である。対象を「行動」という目に見える観察可能なものを対象として，その改善・変容・習得を試みる立場である。不適応行動や問題となる症

状は，誤った学習をしてしまったか，適切な行動を未学習のままのせいかのいずれかの結果と考える。そして誤った学習は，その行動の消去を行い，その後に，適切な学習を習得する。また適切な行動の未学習は，目標行動を獲得することがねらいである。しかし，行動療法は，動物を中心として積み上げられてきた行動理論のため，人間行動の説明や学習メカニズムを説明するには刺激と反応説（S—R説）では不十分と指摘されるように至った。

　バンデューラ（Bandura, A.）が提案した社会的学習理論は，「観察学習」という人間の認知要因を組み入れた優れた行動理論であり，その後の行動理論の発展に大きな影響を与えた。行動療法には，行動の制御変数として環境要因を重視する応用行動分析や，内的要因を重視する認知行動療法までさまざまな立場がある。

　行動療法の技法としては，レスポンデント条件づけ用いて，不安や恐怖症の治療に有効な系統的脱感作法，オペラント条件づけを用いて新しい反応や行動の形成するオペラント強化法，目標とする行動をスモールステップに分けて，徐々に形成していくシェイピング法，認知技法には目標とする行動のモデリングを提示し，それを反復して練習して身につけるモデリング法などがある。

4　認知行動療法

　行動療法では，行動を治療対象としてその変容と獲得を目標としたが，認知行動療法では，それにつけ加えてクライエントの認知的問題を治療対象としている。問題はクライエントが持っている認知的歪み（誤った思い込み）である。

　エリス（Ellis, A.）は，論理療法の創始者であるが，ABC理論で有名である。

　A（Activating events：できごと）　彼女が待ち合わせの場所に来なかった
　C（Consequence：結果）　それで，すごく落ち込んだ
という例を示すと，A（彼女が来なかった）がC（落ちこんだ）の原因と思われるが，実は，

　B（Irrational Beliefs：非合理的な思い込み，間違った考え）
が原因と考えるのがエリスの立場（図10-3）である。この例では，B（来ないというのは，俺のこと嫌いになったからという思い込み）というネガティブな考えがそうさせた。Bを（遅れているのは彼女に何か起こったからだろう，

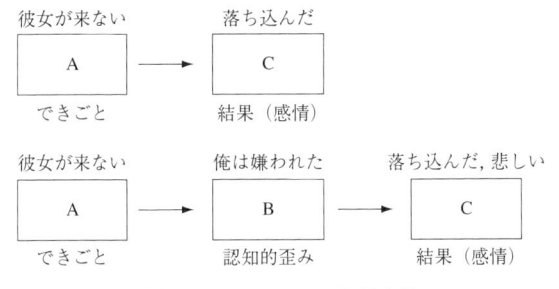

```
      彼女が来ない         落ち込んだ
      ┌─────┐         ┌─────┐
      │  A  │  ──→    │  C  │
      └─────┘         └─────┘
      できごと         結果（感情）

   彼女が来ない     俺は嫌われた     落ち込んだ,悲しい
   ┌─────┐      ┌─────┐      ┌─────┐
   │  A  │ ──→ │  B  │ ──→ │  C  │
   └─────┘      └─────┘      └─────┘
    できごと      認知的歪み     結果（感情）
```

図10-3 エリスの論理療法

電車の事故など）と考えれば，C結果（もう少し，待ってみよう，そのうちに連絡が来るから）などと落ちこんだり，悲しんだりしないですむのである。

ベック（Beck, A.T.）はBの認知的歪みを自動思考と名づけた。この結果Cは抑うつ症状が出ると考えた。この不適切な自動思考を適切で，合理的なものに修正すれば，抑うつ症状も改善し，対人行動も改善すると考えている。

5 来談者中心療法

来談者中心療法の創始者のアメリカの心理学者ロジャーズは，カウンセリングや心理療法を世に広めたことで，有名である。彼の掲げた心理療法は，それまでの精神療法が，医師サイドが中心になって患者の心の病気を治すという関係であったものから，クライエント（来談者）自身が中心になって治すという関係に画期的に変化させたことで知られている。彼の提唱する健康な人格とは，先に説明したが，成長への衝動をもち自己実現を図ろうとする傾向を内在している。そして，カウンセラーや治療者はクライエントの自己成長力を全面的に信じて，非指示的にクライエントの気持ちをあるがままに尊重する受容的・共感的態度こそが，もっとも大切であると考えたのである。彼のカウンセリングのアプローチは下記のように変遷している。

　1940年〜1950年　非指示的療法
　1951年〜1957年　来談者中心療法
　1958年〜1970年　体験過程療法
　1960年〜現在　エンカウンター・グループ
　1974年〜現在　パーソン・センタード・アプローチ（PCA）

今日，カウンセリングにおけるカウンセラーの基本的態度となっている「自己一致」「無条件の積極的関心」「受容」「共感的態度」は，彼の提唱するカウンセラーの態度である。これらの概念を簡単に説明する。

①自己一致：有機体の経験と自己概念の一致した状態のことである。クライエントは自己不一致状態にあり，悩み苦しんでいることが多い。カウンセラーの受容的・共感的態度に加えて，カウンセラー自身が自己一致していることが大切である。クライエントを前にしてカウンセラーの感じていること，経験していることを，隠さず，歪めず受け取ることである。クライエントも初めは自己不一致状態にあったが，カウンセラーの自己一致した態度や共感的態度によって，徐々に自己一致状態に向かって変化していくのである。

②無条件の積極的関心（無条件の肯定的尊重）：カウンセラーが，クライエントの感情や経験を非審判的態度であたたかく無条件に受け容れる態度のことをいう。

③受容：クライエント中心療法の中でも，主要なカウンセラーの態度。クライエントの感情表明に一切の評価や判断を加えず，それをそのまま受け取ろうとすること。クライエントはカウンセラーの受容的雰囲気の中で，自分自身や自己概念を十分見つめることができ，自己概念が変容していくと考えられる。

④共感的理解：カウンセラーはクライエントの内的世界をあたかも自分自身の世界で起こっているかのように感じ，それをクライエントに言語化して伝えることである。

──────────────〈演　習〉──────────────

1　聴くことの体験

カウンセリングの基本は傾聴（アクティブ・リスニング）にある。聴くは「聞く」と異なり，相手の話を積極的に聴くことである。話だけでなく，話をしている相手の気持ちになって，「この人はどんな気持ちや感じで話をしているのだろうか」という姿勢を持って聴いてみること。

〈方法〉
　2人1組のペアになる。ペアを組む相手は、普段あまり話をしない人やまだ一度も話したことのない人が望ましい。じゃんけんをして話す人，聴く人を決める。時間は，5分くらい。話し終わってから，話す人，聴く人お互いに感想を述べる。
〈振り返り〉
　話す人は，自分で思ったことが素直にのびのび言えたか，話して楽になったか，話しているときにどんな感じだったかを振り返る。聴く人は聴いていて，相手がどんな感じや気持ちで話していたかを述べる。

2　共同絵画
　非言語でお互いの意思を伝え合う体験。
〈方法〉
　用意するもの。八つ切り画用紙とクレヨン
　4－5人でひとつのグループを作り，話さずに（無言で），お互いに相手の気持ちを尊重しながら，あるまとまりのあるテーマを描く。15分くらいたって，絵を見ながら，お互いに何を描きたかったのかを，話し合う。無言でコミュニケーションする気持ちを感じ合う。
〈振り返り〉
　描き終わったところで，各自がそれぞれ何を描きたかったかなどを話し合う。

引用・参考文献

1) Holmes, T.H. & Rahe, R.H. *The Social readjustment rating scale*, J. Psychosom, Res, 11, 213-218. 1967.
2) Lazarus, R.S. and Folkman, S. *Stress, Appraisal, and Coping,* Springer, New York. 1984
3) 山本晴義（監）　ストレスチェックノート　法研　2005
4) 島悟（編著）　ストレスとこころの健康　ナカニシヤ出版　1997
5) シュルツ，D.　上田吉一（監訳）　健康な人格　川島書店　1982
6) 蓮見将敏・小山望（編著）　人間関係の心理学　福村出版　1998
7) 小山望・河村茂雄（編著）　人間関係に活かすカウンセリング　福村出版　2001
8) 岡堂哲雄（監）　心理カウンセリングPCAハンドブック　現代のエスプリ　至文堂　2002
9) 岡田尊司　パーソナリティ障害がわかる本　法研　2006
10) ベック，A.T.　大野裕（訳）　認知療法　岩崎学術出版社　1990
11) DSM-IV-TR　精神疾患の分類と診断の手引（高橋三郎他訳）　医学書院　2003
12) 林直樹　「性格的な問題とうつ」　こころの科学，125号，pp.33-38　2006
13) 野村総一郎　「適応障害をどうとらえるか」　こころの科学，114号，pp.10-14, 2004

人名索引

〔ア 行〕

アイゼンク 62, 175
アイブル・アイベスフェルト 143
アグニュー 128
アリストテレス 44
アロン 32
インガム 11
ウィニコット 174
ウィルソン 130
ウェクスラー 70
ヴェルトハイマー 26
ウォルスター 32
ウォルピ 175
ウォルフガング 141
内田勇三郎 65
エイカーズ 128
エインズワース 82
エクマン 152, 154
エリクソン 13, 75, 76, 143
エリス 176
大村政男 67
小此木啓吾 18
オルポート 60, 62, 161, 162

〔カ 行〕

笠原嘉 16, 18
勝見吉彰 19
加藤司 104
ガードナー 70
カナー 55
カラセック 113
ガレノス 59
カレン 128
キャッテル 62
キャノン 50
キャフィ 137
ギルフォード 65, 70
クライン 174
クラーク 130
グリュック（夫妻） 128
クレッチマー 62
クレペリン 65
グロス 29
クーン 10
礫川全次 136
コーエン 90
ゴットフレッドソン 133
コッホ 135
ゴールドバーグ 119
ゴールマン 71
コワルスキー 34

〔サ 行〕

ザイアンス 31
サーストン 70
ジェイコブス 130
シェーネマン 10
ジェームズ 10
ジェフェリー 130
島悟 171
シモン 69
シュテルン 69
シュプランガー 62
ショウ 128
ジョンソン 113
シルダー 148

スキナー　175
スピアマン　70
スピルバーガー　119
セリエ　164
ソクラテス　44
ソマー　150

〔タ　行〕
大坊郁夫　37, 103
ダーウィン　44
鑪幹八郎　14
ダットン　32
ターマン　69
ダーリー　29
タンネンバウム　128
チェイクン　96
ディション　133
デカルト　43

〔ナ　行〕
ニューバーグ　27
ニューマン　130

〔ハ　行〕
ハーシ　128, 133
バス　33
バートル（夫妻）　131
パブロフ　175
林直樹　171
林文俊　27
ハーロウ　80
バロン　142
バーン　71
バンデューラ　130, 176
ピアジェ　11, 85
ピーズ　157
飛田操　103
ビーチ　26

ビネ　69
ヒポクラテス　44
ビュシー　50
ヒーリー　128
フィスク　27
フェアバーン　174
フェルソン　130
フォルクマン　165
ブランティンガム（夫妻）　130
フリーセン　152
プリナー　96
古川竹二　67
フロイデンバーガー　115
フロイト　13, 128, 161, 173
ベイラージョン　88
ヘス　101
ベック　177
ヘンティッヒ　141
ヘンドリック（C）　98
ヘンドリック（S）　98
ボウルビィ　80
ホームズ　165
ホール　151
本田由紀　18

〔マ　行〕
マクネイア　120
マーシャ　15, 79
マースタイン　94
マスラーク　115
マズロー　21
松井豊　30, 99
マツエダ　128
マックパートランド　10
マッケイ　128
マートン　128
マレー　66
ミッシェル　63

ミード　10
メイヨー　110
メーラビアン　145
モルガン　66

〔ヤ・ラ・ワ　行〕
矢田部達郎　65
山中康裕　18
山本晴義　171
ユング　62
ラザルス　165
ラフト　11

ラブジョイ　50
リー　97
リアリー　34
ルービン　97
レーエ　165
レスリスバーガー　110
ロジャーズ　20, 162, 163
ロールシャッハ　66
ロレンツ　47
ワイス　51
ワトソン　48

事項索引

〔A〜Z〕
AC　72
ASD　139
CP　71
DV（配偶者からの暴力）　138
EQ　71
FBI 効果　67
FC　71
GHQ　119
HTP　67
NP　71
POMS　120
PTSD　139
SCT　66
SDS　120
SST（ソーシャル・スキル・トレーニング）　170
STAI　119
SVR 理論　94
TAT　66

〔ア　行〕
愛着　80
愛着行動　81
アイデンティティ　14, 78
アイデンティティ拡散　15, 17
愛の色彩理論　97
あがり　34
アダプター　155
アフェクト・ディスプレイ　154
暗数　127
意識　173
いじめ　136

慈しみ仮説　133
イラストレーター　153
陰性症状　169
インターネット　38
インプリンティング（刷り込み）　47
インプリンティング効果　68
内田クレペリン精神検査　65
うつ状態　170
うつ病　52, 114, 120, 170
エゴグラム　71
エス（イド）　128, 173
エンブレム　153
オペラント条件づけ　175
オープンポジション　157

〔カ　行〕
外向性　62
外傷後ストレス障害　139
解読の原則　155
学習理論　130
学童期　77
家庭内暴力　137
感覚－運動期　86
環境犯罪学　130
観察学習　176
緩衝要因　112
完全に機能する人間　163
虐待　137
急性ストレス障害　139
共感的理解　178
拒食症　147
嫌われる性格　30
均衡化　85

具体的操作期　87
形式的操作期　88
携帯メール　39
傾聴訓練　121
血液型性格関連説　67
幻覚　168
健康な人格　162
５因子モデル　63
行為障害　134
公衆距離　151
行動の遺伝　46
心の起源　44
こころの知能指数　71
心の理論　89
誤信念　55, 90
個体距離　151
コーチング　120

〔サ　行〕
サイコパス　135
作業検査法　65
殺人　126
シェマ　85
自我　128, 173
自己一致　178
自己開示　12
自己概念　10
自己受容　20
自己中心性　11
自己呈示　36, 96
仕事の要求―コントロールモデル　113
自己不一致　164
自殺　19, 114
姿勢　158
自然選択（自然淘汰）　44
自尊理論　96
質問紙法　64
失恋コーピング　104

自動思考　168, 172, 177
自閉症　55
自閉症児　90
シャイネスの測定　40
社会距離　151
社会的相互作用　49
社会的微笑（三カ月微笑）　47
主観的不安状態　35
受容　178
循環気質　62
職業性ストレスモデル　112
職場内教育（OJT）　122
職場における人間関係　110
ジョハリの窓　11
神経伝達物質　53
身体イメージ　146
身体境界　149
身体接触　102
身体的魅力　32
心理社会的発達理論　76
好かれる性格　30
スチューデント・アパシー　18
ステレオタイプ　29
ストレス　164
ストレス対処　167
ストレス反応　166
ストレッサー　165
ストレンジ・シチュエーション法　82
性格　60
性格検査　64
成人期　78
精神年齢　69
精神分析　173
青年期　78
性犯罪　139
生理的欲求（一次的欲求）　52
前意識　173
前成人期　78

前操作期　86
全体対象関係　175
操作　87
双生児法　60

〔タ　行〕

対象関係論　174
対象の永続性　86
対処能力　168
対人的緊張　34
対人認知　26
対人認知構造　26
対人不安　33
対人魅力　30
大脳辺縁系　50
ダウン症　54
ダブル・シグナル　156
単純接触効果　31
知能　69
知能指数　69
超自我　128, 173
調節　85
適応障害　172
テレ（照れ）　34
同一性地位　15, 80
同一性地位尺度　22
動因　52
投影法　66
同化　85
統合失調症　168
同調　103
特性論　62, 63

〔ナ　行〕

内向性　62
内的作業モデル　81, 85
内的対象　174
20答法　10

ニート　18
乳児期　76
認知行動療法　176
認知症　54
認知発達理論　85
粘着気質　62
ノンバーバル・コミュニケーション　101

〔ハ　行〕

バウムテスト　67
パーソナリティ障害　134, 175
パーソナル・スペース　150
犯罪の原因　128
ピアカウンセリング　116
ひきこもり　18
非行　131
非行の学校化　133
不登校　17
部分対象関係　175
ブラッドタイプ・ハラスメント　69
フリーサイズ効果　67
プロファイリング　130
分裂気質　62
防犯空間理論　130
暴力団　142
ホーソン実験　110
保存性　87
ホワイトカラー犯罪　127
本能行動　47

〔マ　行〕

密接距離　151
3つの山問題　87
無意識　173
無条件の積極的関心　178
メンタリング　120
メンタルヘルスケア　110

妄想　168
妄想分裂ポジション　175
燃えつき症候群　115
モラトリアム　15, 78

〔ヤ・ラ　行〕
矢田部・ギルフォード性格検査　65
誘因　52
遊戯期　77
幼児期初期　77
陽性症状　170
抑うつ気分　170

欲求　52
来談者中心療法　177
ライフイベント　165
ラベリング効果　67
類型論　61, 63
レギュレーター　153
レスポンデント条件づけ　175
連続体モデル　27
老年期　78
ロミオとジュリエット効果　95
ロールシャッハ・テスト　66

編　者

小山　望（おやま　のぞみ）　田園調布学園大学大学院

執筆者＜執筆順，（　）内は執筆担当箇所＞

髙橋　悟（たかはし　さとる）（第1章）島根大学

西村　洋一（にしむら　よういち）（第2章）聖学院大学

山田　奈津子（やまだ　なつこ）（第3章）東京理科大学

小泉　晋一（こいずみ　しんいち）（第4章）玉川大学大学院

飯高　晶子（いいたか　しょうこ）（第5章）東京理科大学

佐野　智子（さの　ともこ）（第6章）城西国際大学

松井　知子（まつい　ともこ）（第7章）杏林大学

蓮見　将敏（はすみ　まさとし）（第8章）元杉野服飾大学

田中　彰吾（たなか　しょうご）（第9章）東海大学

小山　望（おやま　のぞみ）（第10章）編者

人間関係がよくわかる心理学
2008年3月10日　初版発行
2024年7月30日　第13刷発行

編著者　　小 山　　望
発行者　　宮 下 基 幸
発行所　　福村出版株式会社
　　〒104-0045　東京都中央区築地 4-12-2
　　電話　03-6278-8508　FAX　03-6278-8323
　　印刷　モリモト印刷株式会社
　　製本　協栄製本株式会社

© Nozomi OYAMA　2008
Printed in Japan
ISBN978-4-571-20073-1　C3011
定価はカバーに表示してあります。

福村出版◆好評図書

小山 望・早坂三郎 監修／一般社団法人日本人間関係学会 編
人間関係ハンドブック

◎3,500円　ISBN978-4-571-20084-7　C3011

人間関係に関する様々な研究を紹介．人間関係学の全貌を1冊で概観。「人間関係士」資格取得の参考書としても最適。

小山 望 編者代表
共 生 社 会 学 入 門
●多様性を認めるソーシャル・インクルージョンをめざして

◎2,300円　ISBN978-4-571-41077-2　C3036

共生社会の実現に貢献する人材育成の観点から，多分野の専門家によって編まれた初学者向けテキスト。

小山 望・勅使河原隆行・内城喜貴 監修／一般社団法人日本共生社会推進協会 編
これからの「共生社会」を考える
●多様性を受容するインクルーシブな社会づくり

◎2,700円　ISBN978-4-571-41066-6　C3036

多様性を受容し，誰も排除されないインクルーシブな「共生社会」をめぐる現状・考え方を紹介する一冊。

二宮克美・山本ちか・太幡直也・松岡弥玲・菅さやか・塚本早織 著
エッセンシャルズ 心理学〔第2版〕
●心理学的素養の学び

◎2,600円　ISBN978-4-571-20086-1　C3011

豊富な図表，明解な解説，章末コラムで，楽しく読んで心理学の基礎を身につけられる初学者用テキスト改訂版。

藤田主一 編著
新 こころへの挑戦
●心理学ゼミナール

◎2,200円　ISBN978-4-571-20081-6　C3011

脳の心理学から基礎心理学，応用心理学まで幅広い分野からこころの仕組みに迫る心理学入門テキスト。

米谷 淳・米澤好史・尾入正哲・神藤貴昭 編著
行動科学への招待〔改訂版〕
●現代心理学のアプローチ

◎2,600円　ISBN978-4-571-20079-3　C3011

行動科学は現代社会で直面するさまざまな問題の解決に有効である。入門書としてさらに充実した内容の改訂版。

行場次朗・箱田裕司 編著
新・知性と感性の心理
●認知心理学最前線

◎2,800円　ISBN978-4-571-21041-9　C3011

知覚・記憶・思考などの人間の認知活動を究明する新しい心理学の知見を紹介。入門書としても最適の一書。

◎価格は本体価格です。

福村出版 ◆ 好評図書

古川 聡 編著
教育心理学をきわめる10のチカラ〔改訂版〕
◎2,300円　ISBN978-4-571-22057-9　C3011
アクティブラーニングの導入や教職課程の改革など，教育現場および大学で進む大きな変化に対応した改訂版。

善明宣夫 編著
学校教育心理学〔改訂版〕
◎2,300円　ISBN978-4-571-22052-4　C3011
学力低下やいじめ等，複雑で高度化する問題にどう対応すべきか。実践的指導力が必要な現代の教師用に改訂。

藤田主一・齋藤雅英・宇部弘子 編著
新 発達と教育の心理学
◎2,200円　ISBN978-4-571-22051-7　C3011
発達心理学，教育心理学を初めて学ぶ学生のための入門書。1996年初版『発達と教育の心理学』を全面刷新。

石井正子・向田久美子・坂上裕子 編著
新 乳幼児発達心理学〔第2版〕
●子どもがわかる 好きになる
◎2,300円　ISBN978-4-571-23065-3　C3011
「子どもがわかる 好きになる」のコンセプトを継承し，最新の保育士養成課程や公認心理師カリキュラムに対応。

渡辺弥生・西野泰代 編著
ひと目でわかる発達
●誕生から高齢期までの生涯発達心理学
◎2,400円　ISBN978-4-571-23062-2　C3011
誕生から高齢期に至る生涯発達について，100点を超える図表をもとにその特徴を理解する。授業に使える工夫満載。

次良丸睦子・五十嵐一枝・相良順子・芳野道子・髙橋淳一郎 編著
現代の子どもをめぐる発達心理学と臨床
◎2,400円　ISBN978-4-571-23064-6　C3011
乳児期・幼児期・児童期・青年期の子どもの発達の基本を解説。子どもをめぐる臨床的課題についても詳述。

軽部幸浩 編著／長澤里絵・黒住享弘 著
こころの行動と発達・臨床心理学
◎2,300円　ISBN978-4-571-23067-7　C3011
心理学の基礎を，初学者向け教科書として発達・対人関係・臨床心理・コミュニケーションを中心に概説。

◎価格は本体価格です。

福村出版◆好評図書

藤田主一・齋藤雅英・宇部弘子・市川優一郎 編著
こころの発達によりそう教育相談

◎2,300円　ISBN978-4-571-24067-6　C3011

子どもの発達に関する基礎知識，カウンセリングの理論・技法，学校内外の関係者との協働について解説。

森田健一 著
マンガ 夢分析の世界へ
●ふしぎなカウンセラーと四つの物語

◎1,700円　ISBN978-4-571-24090-4　C0011

蝶に導かれてふしぎなカウンセラーと出会い，夢分析を知って自らの悩みを解決することができた4人の物語。

P.ペリー 著／F.ペリー イラスト
鈴木 龍 監訳／清水めぐみ・酒井祥子 訳
まんが・サイコセラピーのお話

◎2,500円　ISBN978-4-571-24104-8　C3011

精神分析の世界をまんがで描き出し，心の秘密の探求をわかりやすく物語る。心理療法の初学者にも最適。

渡部昌平 著
キャリア理論家・心理学者77人の人物で学ぶキャリア理論

◎2,600円　ISBN978-4-571-24099-7　C3011

キャリアコンサルタントが知るべき種々の理論を，それらを提唱した理論家・心理学者の人物像を元に紹介。

松井 豊・宮本聡介 編
新しい社会心理学のエッセンス
●心が解き明かす個人と社会・集団・家族のかかわり

◎2,800円　ISBN978-4-571-25055-2　C3011

社会心理学のオーソドックスな構成は崩さず，最新のトピックと公認心理師カリキュラムに必要な内容を網羅。

大坊郁夫 著
人を結ぶコミュニケーション
●対人関係におけるウェル・ビーイングの心理学

◎2,800円　ISBN978-4-571-25058-3　C3011

著者の長年の研究である社会や集団を特徴づける対人コミュニケーションについて，社会心理学の観点から捉える。

桐生正幸・板山 昂・入山 茂 編著
司法・犯罪心理学入門
●捜査場面を踏まえた理論と実務

◎2,500円　ISBN978-4-571-25053-8　C3011

実際の犯罪捜査場面を踏まえた研究を行う際に確認すべき法的手続き，理論，研究方法，研究テーマ等を詳説。

◎価格は本体価格です。